Petra Dorfmüller
Eckart Kissling

# SCHULPFORTE

Zisterzienserabtei
Sankt Marien zur Pforte
Landesschule Pforta

Deutscher Kunstverlag München Berlin

# INHALT

4 ZUR BEGRÜSSUNG

Eckart Kissling

5 RUNDGANG DURCH DIE EINSTIGE KLOSTER- UND HEUTIGE SCHULANLAGE

Petra Dorfmüller

44 DAS KLOSTER ST. MARIEN ZUR PFORTE

- 44 Die Zisterzienser und Bernhard von Clairvaux
- 45 Das Kloster Pforte im Stammbaum der Zisterzienserabteien
- 47 Organisation des Ordens
- 48 Die Gründung des Klosters Pforte
- 50 Die Konversen
- 51 Die wirtschaftliche Situation des Klosters Pforte
- 53 Die Landwirtschaft des Klosters Pforte
- 55 Der Weinbau des Klosters Pforte
- 56 Die wissenschaftliche Betätigung der Pförtner Mönche
- 57 Der Verfall des Ordenslebens
- 58 Das Kloster Pforte im Reformationszeitalter

# INHALT

Petra Dorfmüller

**60 DIE LANDESSCHULE PFORTA**

60 Die Gründung der Landesschule
62 Die Zeit vom Dreißigjährigen Krieg bis zum 18. Jahrhundert
63 Die Verpfändung der Schule an Sachsen-Weimar
64 Die Reformen am Ende des 18. Jahrhunderts
66 Der Übergang der Schule an Preußen
68 Der Kampf um die alte Landesschule
69 Die Nationalpolitische Erziehungsanstalt Schulpforte
70 Die Schule nach 1945
71 Die Erweiterte Oberschule Pforte
72 Die Landesschule Pforta heute
73 Die Historische Bibliothek und das Archiv der Landesschule Pforta

**75 ZEITTAFEL**

**76 BERÜHMTE SCHÜLER DER LANDESSCHULE**

**77 LITERATUR**

**80 IMPRESSUM**

## ZUR BEGRÜSSUNG

Wer durch das Torhaus auf der Westseite in den noch heute von der etwa 1,7 km langen Mauer des einstigen Klosters St. Marien zur Pforte umfangenen Bereich der heutigen Landesschule Pforta und des Gutshofs der Stiftung Schulpforta eintritt, gelangt in eine Welt mit einer jedem Empfänglichen spürbaren Ausstrahlung. Die strenge mittelalterliche Architektur der Klosterkirche und des Kreuzgangs und der im späten 19. Jahrhundert angebaute anspruchsvolle Trakt mit Aula, Bibliothek, Unterrichtsräumen und Rektorat bilden ihr Zentrum. Zusammen mit den über das Gelände verteilten einstigen Wirtschaftsgebäuden des Klosters, den Bauten für die Schule – Internate und Wohnhäuser –, dem Friedhof und dem parkartigen Schulgarten ist im Laufe von fast neun Jahrhunderten ein Ensemble von ungewöhnlicher Eigenart und stimmungsvollem Zauber entstanden.

Dieser Führer möchte den Besucher mit dieser unvergleichlichen Stätte, an der seit über 850 Jahren geistliches und geistiges Leben seinen Ort hat, vertraut machen und zunächst auf einem Rundgang über die Anlage, sodann durch die Schilderung des Lebens im Kloster und schließlich durch die Darstellung der Geschichte der berühmten Internatsschule bis in die Gegenwart den Geist der Zisterzienser und den Geist der Schule vermitteln.

# RUNDGANG DURCH DIE EINSTIGE KLOSTER- UND HEUTIGE SCHULANLAGE

Dem Rundgang, der vor dem Torhaus beginnen soll, sei kurz folgendes vorausgeschickt (siehe im Einzelnen S. 44f.): Das Kloster »Sankt Marien zur Pforte« – so eine der Benennungen in den frühen Urkunden – war eine Niederlassung des 1098 in Cîteaux (Cistercium) bei Dijon in Burgund gegründeten Reformordens der Zisterzienser.

Dieser erste Mönchsorden im strengen Sinne verstand sich als eine Korrektur des damaligen benediktinischen klösterlichen Lebens. Er lebte wie die Angehörigen des Benediktinerordens nach der Regel des heiligen Benedikt (geboren bei Nursia in Umbrien 480, gestorben in dem von ihm gegründeten Kloster Montecassino 560), forderte aber eine strengere Betonung der Askese und suchte die Rückkehr zur Einfachheit des ursprünglichen Mönchtums. Dies fand seine Ausprägung vor allem auch in einer starken Betonung des Arbeitsgebots der Regel des heiligen Benedikt »ora et labora« (»bete und arbeite«) als Handarbeit. Aus dem sehr nach innen gewandten, dem Gotteslob und der Marienverehrung gewidmeten Leben der Zisterzienser in der Weltflucht, der Armut und im Gehorsam ergaben sich Bedingungen für die Wahl des Ortes einer klösterlichen Niederlassung. Deren Gegebensein ist in Pforte noch heute deutlich zu erkennen. So musste ein Zisterzienserkloster abseits menschlicher Behausungen in der Einsamkeit liegen, aber doch nicht zu weit entfernt von Handelsstraßen, weil man auf den Absatz eigener Erzeugnisse auf Märkten angewiesen war. (Eine Vorgängerstraße der heutigen Bundesstraße 87 gab es zur Zeit der Klostergründung noch nicht; die west-östlichen Handelsstraßen verliefen auf den Höhen nördlich und südlich der Saale.) Unerlässlich war fließendes Wasser innerhalb der Klostermauern als Antriebskraft der Werkstätten, insbesondere der Getreidemühle, der Schmiede, eines Hammerwerks und der Walkmühle für die Filzherstellung.

*Schulpforte am Fuß des Knabenbergs,*
*von der Höhe des nördlichen Saaleufers gesehen*

*Torhaus, Westseite*

Hieraus ergibt sich, dass die Klöster der Zisterzienser – mit nur wenigen Ausnahmen – im Tal liegen. Kaum zu bemerken ist nördlich des Torgebäudes das Eintreten der **Kleinen Saale**, eines von den Zisterziensern bei Bad Kösen von der Saale abgeleiteten und vor Naumburg in die Saale zurückgeführten »Kanals«, in den Klosterbereich. Auch der nicht zu großen Entfernung zu Steinbrüchen und der Verfügbarkeit von Bauholz vergewisserte man sich. Schatten war erwünscht.

Wie auf Seite 46 näher ausgeführt ist, ließen sich die Zisterziensermönche im Jahre 1137 an dem heutigen Standort nieder.

Das **Torhaus** [**3**] wurde 1854–60 nach einem von dem bedeutenden Schinkel-Schüler Friedrich August Stüler revidierten Plan in den Formen der Neugotik errichtet. Das auf der Südseite angrenzende schlichte Gebäude des einstigen **Geistlichen Inspektorats** [**2**] enthält noch Teile des ursprünglichen Torhauses. Seitlich des großen Portals bemerkt man auf Konsolen links die Statue von Herzog Moritz von Sachsen, dem Gründer der Lan-

*Hospiz, von Nordwesten*

desschule im Jahre 1543, und rechts die Statue des fiktiven Grafen Bruno vom Pleißengau, des angeblichen Gründers des Klosters in Schmölln, südlich von Altenburg (siehe S. 48). An das Torgebäude schließt sich auf der Nordseite zunächst die so genannte ehemalige **Vogtei** [**5**] und dann das lang gestreckte **Hospiz** [**6**] mit gotischen Fensteröffnungen an, das im Kern aus der zweiten Hälfte des 12. Jahrhunderts stammt. Die Betreuung von Pilgern, Bedürftigen und Gästen war bei den Zisterziensern eine sehr ernst genommene Aufgabe. – Im Tordurchgang befindet sich rechts eine barocke Wappentafel, 1697 geschaffen zur Erinnerung an die Krönung des Kurfürsten Friedrich August I. von Sachsen zum König von Polen, die später hierher versetzt wurde.

Es sei hier noch bemerkt, dass man ein Zisterzienserkloster in der Regel, und so auch in Pforte, von Westen betritt. Der mittelalterliche Mensch sah in der Sonnenuntergangsseite die sündige Welt, die man bewusst hinter sich lässt, wenn man in ein Kloster eintritt. Man blickt dann nach Osten, dem Sonnenaufgang, der verheißenen Auferstehung entgegen. In Pforte ist (wie zum Bei-

spiel auch in Maulbronn) diese Sichtbeziehung vom Tor zur Westfassade der Kirche, deren Chor nach Osten gerichtet ist, besonders klar.

An der vom Torhaus auf das Schulgebäude zuführenden leicht abfallenden Straße liegt links das Gebäude der einstigen **Papiermühle [9]** (das 1660 auf älteren Fundamenten errichtet und nach der Mitte des 19. Jahrhunderts für Wohnzwecke umgestaltet wurde; in ihr befinden sich heute zwei der acht Internate der Landesschule). Diese Papiermühle wurde an Pächter vergeben, die der Schule zu einem festgesetzten Preis Papier zu liefern hatten. (Auf dem alten Friedhof befindet sich das schöne Grabmal der letzten Papiermüllerfamilie Kunicke aus der ersten Hälfte des 19. Jahrhunderts). Der dem Haupteingang der Schule gegenüber liegende mächtige, von einem barocken Mansardwalmdach zusammengefasste Gebäudekasten birgt Teile einer großräumigen romanisch-frühgotischen Architektur. Er hat eine komplizierte Baugeschichte über viele Jahrhunderte und wird heute als **Mühle [10]** bezeichnet. Nach neuesten Forschungen

*Mühlengebäude, von Norden*

befand sich in diesem Wirtschaftsgebäude, das sich ursprünglich nach Osten fortsetzte, die Schmiede, vielleicht ein Hammerwerk und wohl auch sehr früh die Getreidemühle. Das hier noch erhaltene Mahlwerk einer **Panstermühle**, das einzige seiner Art in Deutschland, stammt aus dem Jahre 1708. (Die Eigenart dieser Mühltechnik besteht darin, dass mit Ketten das Mühlrad – es handelte sich um ein unterschlächtiges Rad – gehoben und gesenkt werden konnte.) Die mit Geräusch verbundenen Arbeitsstätten des Klosters lagen stets so weit westlich wie möglich, in der Nähe des Tors, entfernt von den stillen Bereichen der Klausur und des Chors der Kirche im Osten.

Der nördliche, 1879/80 errichtete, Aulaflügel des **Schulgebäudes** [**11**], in dem auch die kostbare historische Bibliothek mit ca. 80 000 Bänden und das wertvolle Archiv der Schule untergebracht sind, ist eine Schöpfung des als Neugotiker hochgeschätzten Carl Schäfer, der unter anderem auch Gebäude der Universität Marburg und die alte Universitätsbibliothek in Frei-

*Mahlwerk der Panstermühle im Mühlengebäude*

*Ehem. Papiermühle und Schulgebäude, von Südwesten*

burg/Breisgau geplant hat. Das anschließende schlichtere Schulgebäude enthält den Großteil der Unterrichtsräume und das Rektorat. Links und rechts vor dem Eingang erinnern Gedenksteine und Gedenktafeln an die vier berühmtesten Absolventen der Schule: den Historiker Leopold von Ranke, den Dichter Friedrich Gottlieb Klopstock und die Philosophen Johann Gottlieb Fichte und Friedrich Nietzsche.

Tritt man in das Schulgebäudes ein, so befindet sich sogleich linker Hand die Darstellung der auf das Gründungskloster des Ordens, Cîteaux, zurückführenden Filiationskette der Abtei Sankt Marien zur Pforte und der von ihr selbst ausgehenden Gründungen (bzw. des ihr unterstellten Klosters Stolpe). Danach durchquert man das Vestibül – rechts die Büste Fichtes, darüber ein Zitat aus seiner beim Abgang von der Schule 1780 angefertigten Valediktionsarbeit – und gelangt durch einen Gang – auf der linken Seite romanische Arkaden aus der Gründungszeit (hier befanden sich nahe der Küche Vorratsbereiche) – über eine Treppe in den **Kreuzgang** [**25**]. Vermutlich war der Kreuzgang ursprünglich im Ostflügel mit Holzbalken flach gedeckt, im Süd-, West- und Nordflügel bauzeitlich gewölbt. (Aus welcher Zeit die heutigen Kreuzgratgewölbe stammen, bedarf noch näherer Untersuchung.) Die Arkadenzone auf der Nord-, der West- und der Südseite mit den Ecksäulchen und der Kapitellzier (Palmetten, Schachbrettmuster) ist noch aus der Erbauungszeit nach 1137.

Am Kreuzgang befanden sich alle für das klösterliche Leben wichtigen Räume. Der Rundgang beginnt hier mit dem Nordflügel, auf den die Treppe zuführt. An ihm liegt, stets der Kirche gegenüber, als zweiter Gottesdienstraum das Refektorium, der Speisesaal, der Mönche, einst gewölbt, heute noch der (nun nüchterne) Speisesaal der Schule. Das bei strengstem Schweigen stattfindende Speisen war Gottesdienst. Während dem Mahl wurde von einer erhöhten Kanzel (in Pforta nicht erhalten;

schöne Beispiele in Maulbronn und Schönau bei Heidelberg) aus heiligen Schriften vorgelesen und damit auch geistliche Speise gereicht. In der Zeit vom 14. September bis Ostern gab es täglich nur eine einzige Mahlzeit, gegen 11 bis 12 Uhr, in der übrigen Jahreszeit zwei Mahlzeiten, mittags und gegen Abend ein Vesper. Ein Frühstück kannte man nicht. Die zu Klosterzeiten auf dem Westgiebel dieses Refektoriums angebrachte Glocke, mit welcher der Beginn der Mahlzeit angezeigt wurde, hat heute in der in dem Türmchen mit barocker Haube auf dem First des Nordflügels hängenden **Keilglocke** ihre weltliche Nachfolgerin. Diese Glocke hat für das heutige Schulleben zentrale Bedeutung. Sie wird seit 1990 wieder an normalen Schultagen von einem Schüler/einer Schülerin der 9. oder 10. Klasse zwischen 6 Uhr und 21.30 Uhr 27 mal mit dem Seil geläutet und zerlegt den Schulalltag in seine Pflichtabschnitte und seine Ruhepausen. Dem Mönchsrefektorium gegenüber erwartet man im Kreuzgarten das Brunnenhaus, in dem man sich unter anderem vor den Mahlzeiten die Hände wusch. Es ist in Pforte früh verschwunden und sein Aussehen ist unbekannt. Es lag vermutlich – hierauf weisen die beiden größeren Arkaden mit den nur hier bis zum Boden heruntergeführten Ecksäulchen hin – abweichend von der Norm an der Westseite des Kreuzgangs. Verloren gingen leider auch, wie noch an den Verletzungen der Gewände ablesbar ist, die in die großen Blendbögen des Kreuzgangs eingestellten Tri- oder Biforien, auf kleinen Säulen ruhende drei oder zwei Arkaden. Sie wurden spätestens im 18. Jahrhundert beseitigt. – Allein im Nordflügel finden sich, zum Teil unter späteren Putzschichten, Reste von Gewölbemalereien aus der späten Gotik. (Ein schwieriger Fall für die Denkmalpflege!) Sämtliche der Internatsunterbringung der Schüler dienenden Aufbauten auf den vier Kreuzgangflügeln stammen aus dem 16. bis 19. Jahrhundert.

    Am Westflügel des Kreuzgangs befand sich einst das Refektorium der Laienbrüder, der so genannten Konversen. Es besaß zu Klosterzeiten keine Türen zum Kreuzgang hin, weil die Laienbrüder, überwiegend Handwerker, aber auch Bauern, alle des Lesens und Schreibens unkundig, am eigentlichen klösterlichen Leben nur einen geringen Anteil hatten und den Kreuzgang nur bei bestimmten Anlässen betreten durften. Über diesem Speisesaal lag

*Aula- und Schulgebäude, Vestibül*

# RUNDGANG

*Keilglocke*

das Dormitorium, der Schlafsaal, der Laienbrüder. (Auf der westlichen, der Hofseite, sind im Putz dessen kleine romanischen Fenster und ein größeres des Refektoriums noch erkennbar.)

Der an die Außenmauer der Kirche – in Pforte auf deren Nordseite – sich anlehnende Kreuzgangflügel ist stets der so genannte **Lesegang**. Er war ursprünglich an der Wand in seiner ganzen Länge mit einer Bank ausgestattet, auf der sich am späten Nachmittag / frühen Abend – gegebenenfalls nach dem Abendessen – der Abt vor dem letzten Stundengebet, der Komplet, mit den Chormönchen zur Lesung, insbesondere aus den Viten der Kirchenväter oder der Heiligen, zusammenfand. Der Abt saß in der Mitte unter einem, in Pforte nicht erhaltenen, Kreuz, der Vorlesende ihm gegenüber. Im Lesegang fanden auch die rituellen Fußwaschungen statt, die der Abt in der Nachfolge Christi an jedem Samstag und am Gründonnerstag an einem Mönch und an einem Laienbruder vornahm, außerdem die der Reinigung dienenden Fußwaschungen. Die jeweils in der Küche »diensthabenden« Mönche mussten am Samstag von dort (gegebenenfalls gewärmtes) Wasser herbeischleppen und ihren Mitbrüdern die Füße waschen. Erhalten sind die stets im Lese-

*Kreuzgang, westlicher Flügel, Blick nach Südosten*

gang vorzufindenden zwei Becken in der Brüstung gegen den Kreuzgarten zum Ausgießen des gebrauchten Wassers. Anderenorts sind diese zum Teil reich geschmückt, in Pforte aber nur schlichte schüsselartige Gebilde (durch die Beseitigung der Außenseite in Sitzgelegenheiten verwandelt).

Der Lesegang ist in Pforte dadurch ausgezeichnet, dass er zweischiffig ist, wie im Mutterkloster Walkenried (dort in seinem zweiten Bauzustand ein wunderbarer hochgotischer Raum) und im Kloster Königslutter (spätromanisch). Dies sind heute die letzten drei noch erhaltenen Beispiele dieser besonderen Ausprägung des Lesegangs (wenn man nicht auch Hardehausen gelten lassen will). Leider wurden im 16. Jahrhundert bei Arbeiten am Gewölbe die vermutlich kunstvoll gearbeiteten romanischen Säulen des Lesegangs durch grobe Pfeiler ersetzt. Die westlichste Stütze ist ein 1935 wieder eingefügtes, ergänztes und an Vorbildern in Königslutter sich orientierendes Muster einer solchen, kannelierten, Säule.

## RUNDGANG

Im Ostflügel sind der Zugang (jetzt durch eine Tür geschlossen) und zu seinen Seiten die beiden heute zugesetzten Arkaden des **Kapitelsaals** erkennbar, den man sich als offene Halle vorstellen muss, in die man einige Stufen hinunterging (schöne Beispiele in Maulbronn und Bebenhausen). Hier versammelte sich in der Morgenfrühe der Abt mit den Mönchen. Es wurde ein Kapitel (daher der Name des Raumes) aus jener Regel vorgelesen, mit der der heilige Benedikt im 6. Jahrhundert dem Leben in Gemeinschaft, das sich im Gebet, in der geistlichen Lesung, in der Arbeit, der Gastfreundschaft und im Frieden vollzieht, eine Ordnung gegeben hat. Dieser Lesung schloss sich die Disziplin an. Die Mönche bekannten entweder selbst oder bezichtigten sich gegenseitig eines Verstoßes gegen die Ordensvorschriften; es folgte die Abstrafung. Auch wurden hier wichtige Klosterangelegenheiten besprochen. Der bereits veränderte Kapitelsaal wurde zu Beginn des 20. Jahrhunderts zu einem Schulraum umgestaltet.

Im Obergeschoss des östlichen Kreuzgangflügels befand sich einst über die gesamte Länge das Dormitorium, der Schlafsaal, der Mönche. In diesem ungeheizten Saal schliefen die Mönche, in der Frühzeit der Abt unter ihnen, voll bekleidet, gegürtet, mit den Schuhen an den Füßen. Über eine Treppe (die so genannte Nachttreppe) auf der Südseite gelangten sie unmittelbar in das nördliche Querhaus der Klosterkirche, wenn sie zur achten Stunde der Nacht, gegen 2 Uhr, durch die Glocke geweckt und zu den Vigilien gerufen wurden. (»Um Mitternacht erhebe ich mich, dir zu danken für deine gerechten Ordnungen«, »des Tages lobe ich dich sieben mal«, im 119. Psalm.) 1725 wurde dieses Obergeschoss abgetragen und nach Beseitigung der östlichen Kreuzgangarkaden ein Internatsneubau mit den fremd wirkenden Bogen um 2,30 m in den Kreuzgarten hineingeschoben.

Unmittelbar neben der zum Eingangsportal der Kirche hinaufführenden Treppe findet sich stets, hier zwischen zwei rundbogigen Fenstern, der Eingang zum **Armarium**, der »Rüstkammer«, einem schmalen Raum zur Aufbewahrung der im nahen Chor oder im Lesegang benötigten Bücher. Dahinter liegt, mit dem nördlichen Querhausflügel verbunden, die Sakristei.

*Kreuzgang, südlicher Flügel (»Lesegang«), nach Osten*

## RUNDGANG

Über sieben Stufen steigt man in das südliche Seitenschiff der **Klosterkirche** [**24**] hinauf. (Der ursprüngliche Eingang befand sich, dies ist in der Wand noch zu erkennen, rechts neben dem Armarium im Ostflügel.) Mit der Errichtung der dreischiffigen kreuzförmigen Basilika wurde sogleich nach der Gründung des Klosters im Jahre 1137, also zur Zeit der späten Romanik, begonnen. Sie war ursprünglich im Mittelschiff – dort in Höhe der Bänke der heutigen Obergadenfenster – und in den Seitenschiffen flach gedeckt. Die zugesetzten romanischen Obergadenfenster sind im Putz noch ablesbar. Die Kirche besaß einen durch Grabungen belegten komplizierten Staffelchor mit gerundeten Apsiden. Die Außenmauer der Apsis des Sanktuariums verlief etwa an der westlichen Kante des heutigen Podestes des Altars. Man muss sich einen ziemlich düsteren, gedrückten Kirchenraum vorstellen.

Kurz vor der Mitte des 13. Jahrhunderts begann der Umbau jener romanischen Kirche. Zunächst wurde das Querschiff in zwei Schritten erhöht und gewölbt. Sodann wurde um den romanischen Chor herum das heutige frühgotische Sanktuarium errichtet und danach der romanische Chor abgebrochen. Wie die Bauinschrift außen am südöstlichen Strebepfeiler des Chors mitteilt, wurde im Jahre 1251 der Grundstein für diesen neuen Chor gelegt, der 1268 geweiht wurde. Dehio spricht vom »vornehm formenreichen Charakter des Innern, das zu den hervorragenden Leistungen der Epoche gehört… Der Grundriss die früheste ganz reife und klare Formulierung des in Deutschland fortan am meisten verbreiteten Chortypus: zwei rechteckige Joche und Schluss aus fünf Seiten des Achtecks.« Danach wurden die vier romanischen Querhauskapellen im Grundriss und in der Höhe verändert (die heutigen Einwölbungen stammen aus dem 19. Jahrhundert) und über ihnen zwei gotische Kapellen hinzugefügt – auf der Nordseite die Trinitatiskapelle, auf der Südseite die Margaretenkapelle. Sie waren wohl beide ursprünglich nur über die Wendeltreppe auf der Nordseite des Sanktuariums und die Laufgänge erreichbar. Nach dem Neubau des Chors wandte man sich der Umformung des Mittelschiffs zu. Der wellenartige Wechsel zwischen den Kämpfern der starken Pfeiler mit alten Profilen und den höher liegenden schlichten Kämpferplatten der

*Klosterkirche, Mittelschiff nach Osten*

schmalen Pfeiler verrät, dass das Mittelschiff nicht nach einem Originalplan in einem Zuge errichtet wurde. Ursprünglich spannten sich von starkem Pfeiler zu starkem Pfeiler (sie sind noch die heutigen) große Blendbogen (auf der Südseite sind sie im Putz besonders gut ablesbar). In diese waren vermutlich im Stützenwechsel Säulen eingestellt, die durch rundbogige Arkaden mit den starken Pfeilern verbunden waren. Die Säulen wurden nun durch schmale Pfeiler ersetzt und mit ihnen spitzbogige Arkaden gebildet, deren Schenkel jedoch verschieden hoch ausfallen mussten. Ablesbar ist diese »Modernisierung« insbesondere an den höher sitzenden Kämpferplatten der schmalen Pfeiler. Schließlich wurde der Obergaden stark erhöht und erhielt große frühgotische Fenster. Über das Mittelschiff wurde ein Kreuzrippengewölbe gespannt.

Das nördliche Seitenschiff, eingeklemmt zwischen dem im aufgehenden Mauerwerk unverändert gebliebenen Mittelschiff und dem nicht veränderten Kreuzgang, ist erheblich schmaler als das völlig neu angefügte südliche Seitenschiff. Die Kirche wurde um 13 m nach Westen verlängert und erhielt spätestens in den Jahren nach 1300 eine neue Westfassade (Beschreibung siehe S. 40). (Nach neuesten Forschungen ist möglicherweise davon auszugehen, dass die Westfassade bereits vor 1300 errichtet wurde, während die Arbeiten am Langhaus noch im Gange waren.) Den Abschluss dieses großen Umbauvorhabens bildete nach 1300 die Fortsetzung des südlichen Seitenschiffs, das um den südlichen Querhausarm herumgeführt wurde. Dadurch entstand am Kopf des südlichen Querhausarms und parallel zu den südlichen Querhauskapellen ein eigenartiges Raumgebilde, das heute wegen der schönen Schlusssteine mit den geflügelten, dadurch als heilig gekennzeichneten, Evangelistensymbolen mit Spruchbändern als **Evangelistenkapelle** bezeichnet wird (von Osten: der Stier des Lukas, dann der Engel des Matthäus, danach der Adler des Johannes und schließlich der Löwe des Markus). Dieser Raum diente ursprünglich wohl als so genannte Sepultur (lat. Bestattung), in der die verstorbenen Mönche und Laienbrüder niedergelegt wurden, ehe sie durch das Portal auf der Südseite, das sich nur für die Toten öffnete, auf den Friedhof gebracht wurden, der sich an den Ostchor anlegt.

*Klosterkirche, südliches Seitenschiff, Blick aus dem südlichen Querhausarm nach Westen*

*Klosterkirche, Dienstekonsolen am nordwestlichen Vierungspfeiler*

Lässt man den heutigen Kirchenraum als Ganzes auf sich wirken, so fällt zunächst die Strenge und Kargheit des Mittelschiffs auf, in dem man beim Umbau aus wirtschaftlichen Gründen, wie dargelegt, wesentliche Teile der romanischen Bausubstanz erhielt und sich bemühte, auf möglichst einfache Weise einen gotischen Eindruck zu erzielen. Im Langhaus als dem Betraum der Mönche und der Laienbrüder wurden keine hohen ästhetischen Ansprüche gestellt. Dagegen wirken der Chor, das Sanktuarium, und auch die Seitenschiffe in ihrer Architektur frei und reich. Das Sanktuarium mit seiner Vielfalt an architektonischer Gliederung muss man als unzisterziensisch empfinden. Der Eindruck der Strenge der Architektur des Mittelschiffs wird heute dadurch noch gesteigert, dass die Klosterkirche in den Jahren nach 1958 im Zusammenhang mit umfangreichen Restaurierungsarbeiten und Grabungen ihre gesamte (neugotische) Innenausstattung verlor, darunter die wertvolle 1854–58 auf einer Westempore eingebaute Ladegastorgel. Der heutige sandfarbene, zum Teil inzwischen wieder schadhafte, Flächenputz stammt aus dieser Phase. Man muss sich die Kirche zu Klosterzeiten ziemlich bunt vorstellen. Durch Befunde ist zum Beispiel gesichert, dass das Gewölbe rot angelegt war, mit gelben Absetzungen.

Unter den schönen **Schlusssteinen** fällt derjenige des (von Osten) dritten Mittelschiffsjochs, also im Laienteil der Kirche, besonders auf: Christus als Weltenrichter, auf dem Regenbogen thronend, die Wundmale weisend, zu beiden Seiten ein Engel mit Leidenswerkzeugen. Bemerkenswert sind auch die Schönheit und Vielfalt der geometrischen oder mit vegetabilischem Schmuck versehenen Konsol- und Schlusssteine, insbesondere in der Vierung, im Chor und im südlichen Seitenschiff.

Die Kirche enthält noch einige wertvolle alte Ausstattungsstücke, die besondere Betrachtung verdienen. Am auffälligsten ist das große **Tafelkreuz** (4,75 m x 3,12 m) von 1240/1250, ein

Frühwerk der deutschen Tafelmalerei. Es hängt an jener Stelle, an der einst die Klosterkirche durch die Chorschranke, eine halbhohe Mauer mit Durchgängen, in den östlichen Teil für die Mönche und den westlichen Teil für die Laienbrüder getrennt war. Das ursprünglich auf beiden Seiten auf Leinwand bemalt gewesene Kreuz aus Eichenholz ist ungeachtet seines heute sehr reduzierten Erscheinungsbildes deshalb wertvoll, weil es eines von nur noch zwei erhaltenen Kreuzen dieses besonderen Typus ist (das andere, kaum besser erhaltene, befindet sich in der einstigen Zisterzienserklosterkirche Loccum, westlich von Hannover). Es entspricht nämlich noch der strengen Festlegung des Generalkapitels des Ordens, die es den Zisterziensern verwehrte, den Gekreuzigten am Kreuz plastisch darzustellen. In jener Bestimmung heißt es dann weiter »[...] wir haben aber hölzerne Kreuze mit dem *gemalten* Leib des Herrn.« Auf der westlichen, der Laienseite, ist nach Restaurierungsarbeiten im Jahre 1935 und nach einer sorgfältigen Sicherung und Reinigung in den Jahren nach 1990 der Gekreuzigte noch zu erkennen. In den Kreuzesenden sieht man auch noch geflügelte Evangelistensymbole (zu Füßen den Löwenkopf des Markus, links den Engel des Matthäus, rechts den Stier des Lukas; zu Häupten Christi befand sich, wie stets, der Adler des Johannes). Auf der Ostseite des Kreuzes, der Seite der Mönche, finden sich nur noch geringe Reste der einstigen Bemalung. Das Gold wurde erst später aufgelegt.

Im **Chor** fallen neben der frühgotischen Mensa, die drei durch Wimperge ausgezeichneten Wandschränke (mit nicht gesicherter Zweckbestimmung) und die nischenartig in die starken Mauern eingelassenen bauzeitlichen **Arkosolgräber** (lat. arcus = Bogen, solium = Grab) ins Auge. Diesen wurden im 15. Jahrhundert auf den Podesten, die den Baldachinen der Stifterfiguren im Westchor des Naumburger Doms nahe verwandt sind, etwas plumpe Figuren hinzugefügt. Auf der Nordseite stehen die Mutter Gottes, die Patronin der Kirche, und ein Rittersmann mit einem Kirchenmodell im rechten Arm. Es ist der schon beim Gang durch das Torhaus erwähnte angebliche Gründer des Klosters in Schmölln, Bruno vom Pleißengau (den es aber nach neuesten Forschungen nicht gegeben hat, siehe S. 48). Gegenüber auf der Südseite stehen Johannes der Täufer, seit 1268 der Kon-

*Klosterkirche, Tafelkreuz, westliche (Laien-)Seite*

patron der Kirche, und Bischof Udo I. von Naumburg, der wirkliche Gründer des Klosters in Schmölln und später in Pforte. Er kam während des zweiten Kreuzzugs im Jahre 1148 ums Leben; das Schiff, das seinen Leichnam zurückbringen sollte, ging im Mittelmeer unter. Es handelt sich also bei beiden Arkosolgräbern um Scheingräber.

Den Zisterziensern war in der Frühzeit des Ordens eine bunte **Verglasung der Kirchenfenster** nicht gestattet. Neuzeitliche Proben, wie eine den damaligen strengen Bestimmungen des Generalkapitels (über die man sich später hinweggesetzt hat) entsprechende Verglasung aussehen durfte, finden sich in dem westlichsten Nordfenster des Sanktuariums. Auch die Fenster des südlichen Seitenschiffs aus der Mitte des 19. Jahrhunderts vermitteln einen einigermaßen zutreffenden Eindruck von alten Grisailleverglasungen. Die Klosterkirche verfügt, neben umfangreichen Resten der Originalverglasung der beiden Nordfenster des Sanktuariums, als große Kostbarkeit auch über die komplette Originalverglasung der Rose des nördlichen Querhausflügels über der Trinitatiskapelle in Grisaille-Malerei, vermutlich aus den sechziger Jahren des 13. Jahrhunderts, also geschaffen im Zusammenhang mit dem Neubau des Sanktuariums. Diese Rose ist die einzige vollständig erhaltene Rose in Grisaille im gesamten Abendland. Alle diese Verglasungen wurden während des Zweiten Weltkriegs herausgenommen und harren noch der Wiedereinsetzung. – Die sehr farbigen Fenster im Chorhaupt sind ein qualitätvolles Produkt der Glaskunst des späten 19. Jahrhunderts. Nach aufwändiger Restaurierung und Ergänzungen konnten die Scheiben im Jahre 1998 wieder eingesetzt werden. Sie sind – worauf ein Schriftband »almae matridis discipulorum pietas« hinweist – ein Geschenk von ehemaligen Schülern an ihre Schule zur 350. Wiederkehr der Gründung der Schule im Jahre 1893. In einem im Archiv aufbewahrten kostbaren Lederband sind die 600 Namen dieser Ehemaligen verzeichnet. – Hingewiesen sei auf die mit scharf geschnittenem Wimperg und Dreipass überfangene Nischen-Kredenz zum Abstellen von Altargeräten und die Piscine daneben, das Becken mit dem Ausguss für liturgische Reinigungen, auf der Südseite. Wie stets in einer Nische in der Südwand des Sanktuariums findet sich der so genannte Levi-

*Klosterkirche, die Kapellen im nördlichen Querhausarm,*
*Blick aus dem südlichen Querhausarm*

*Zelebrantenstuhl*

tenstuhl aus Eichenholz, mit schönem vegetabilischem Schnitzwerk in den äußeren Wangen und wilden (schon sehr unzisterziensischen) Fabelwesen in den Zwischenwangen, dessen Baldachin leider verloren ist. Dieser **Dreisitz** diente dem Priester, dem Diakon und dem Subdiakon, die ihm assistierten, während der

*Klosterkirche, Südwand des Sanktuariums*

Handlungen am Altar. Er stammt aus dem letzten Viertel des 13. Jahrhunderts, ist also einer der ältesten Deutschlands. An ihm haben sich (wie an den Wänden des Laufgangs, der Wendeltreppe und »überhaupt überall«) Schüler durch Einritzungen verewigt, die sich in dem 1893 gedruckten »Pförtner Stamm-

*Klosterkirche, Sanktuarium, mittlerer Platz des Dreisitzes*

buch 1543–1893 der Königlichen Landesschule Pforta«, das alle Schüler enthält, die seit der Gründung der Schule in der Matrikel durchlaufend gezählt werden, sämtlich genau bestimmen lassen. – Dem Dreisitz gegenüber auf der Nordseite befindet sich jene Sedieliennische, in der ursprünglich der Abtsthron stand.

Etwa dort, wo sich vor der erwähnten Erweiterung der Kirche im 13. Jahrhundert der Westabschluss des Langhauses der romanischen Kirche befand, steht heute die **Tumba Georgs von Meißen** von 1401. Sie wurde im Jahre 1823 aus dem Chor, wo sich vor der Altarmensa auch heute noch das dazugehörige Grab befindet, hierher versetzt. Diese feine, sehr französisch geprägte Schöpfung aus Alabaster hat durch Beschädigungen zumal im Dreißigjährigen Krieg und durch eine ungeschickte Restaurierung zu Beginn des 18. Jahrhunderts sehr gelitten.

Die zahlreichen in der Kirche heute versammelten, in ihrer Qualität sehr verschiedenen Epitaphe und Grabsteine aus dem 13. bis 17. Jahrhundert hier zu beschreiben, würde zu weit führen.

Kehrt man nach der Besichtigung der Kirche, die auch die erläuternden Tafeln im Westteil zum geistlichen Leben und dem Wirtschaften des Klosters Pforte einschließen sollte, in den Ostflügel des Kreuzgangs zurück, so gelangt man an seinem nördlichen Ende über den neuzeitlichen Durchgang nach Osten (hier befand sich vermutlich einst der Sprechsaal) zunächst in einen offenen Arkadengang (von 1912). Links blickt man in einen Hof, an dessen Ostseite das mächtige so genannte **Fürstenhaus [18]** beeindruckt, das mit seinem vorgestellten Wendeltreppenturm und mit seinen geschrägten Fenstern als ein Bau der Renaissance zu erkennen ist. Es wurde unter Einbeziehung des ebenerdigen Infirmariums, der späteren Abtswohnung (siehe S. 36) in den Jahren 1573–75 von Kurfürst August als Jagdschloss errichtet. Unter dem Dachsims ist in Großbuchstaben in Latein eine Titularinschrift angebracht, die übersetzt lautet: AUGUST VON GOTTES GNADEN HERZOG IN SACHSEN, DES HEILIGEN RÖMISCHEN REICHES ERZMARSCHALL UND KURFÜRST, LANDGRAF VON THÜRINGEN, MARKGRAF VON MEISSEN, BURGGRAF VON MAGDEBURG. Ihm, dem jüngeren Bruder und Nachfolger des Schulgründers Herzog Moritz, verdankt die Schule u.a. die Zuweisung der kostbaren Bibliothek (1573) des aufgehobenen Benediktinerklosters Bosau (Posa) bei Zeitz und die Verlängerung des **Schulhauses [14]** nach Westen (1568). Dem Fürstenhaus gegenüber liegt der heutige Küchentrakt mit in die Tiefe gehender romanisch-frühgotischer Bausubstanz, dem 1858 in den Formen der toskanischen Renaissance der Knabenwaschsaal aufgesetzt wurde. (Dieser ist zurzeit ungenutzt; eine durchgreifende Sanierung dieses Komplexes steht bevor.) Zwischen dem lang gestreckten klassizistischen einstigen alten **Amtshaus** [**15**] (heute Internat V) und dem ehemaligen, als **Pächterwohnhaus** [**16**] erbauten, späteren Sitz der Verwaltung der reichen Stiftung Schulpforta und Wohnung des Prokurators der Stiftung, der Trägerin der Schule von 1543 bis 1936, heute Internat III, blickt man hinüber in den Gutshof. Er lieferte zu Klosterzeiten für die nahegelegene Küche vor allem Obst und Gemüse, Kräuter und aus Teichen Fische. In seiner Mitte steht das einzige erhaltene mittelalterliche Gebäude des Gutshofs, das so genannte **Gotische Haus** [**27**] – nach dendrochronologischen Untersuchungen des in wesentlichen Teilen noch originalen Dachstuhls – von 1516/17, das in den Jahren 1997–99 vor dem drohenden Untergang gerettet werden konnte. Das beherrschende, heute 80 cm im aufgeschütteten Gelände steckende

*von links: Gotisches Haus und Neugotisches Haus auf dem Wirtschaftshof, ehem. Prokuratur (Internat III), ehem. Pächterhaus (Internat V), von Nordwesten*

Bauwerk hat mit seiner offenen kreuzgratgewölbten Halle im Erdgeschoss möglicherweise als Wagenremise, in den Obergeschossen als bescheidene Herberge gedient; ein Speicher war es wohl kaum. Die Fenster auf der Süd- und Nordseite stammen erst aus dem 17. bis 19. Jahrhundert. Das Gotische Haus ist weiträumig umgeben von den landwirtschaftlichen Großbauten des 19. Jahrhunderts. Dieses große Gut, eines von den sieben ehemaligen Gütern der Schulstiftung, ist wieder Eigentum der Stiftung Schulpforta. Es geht heute eine Eigentumsgrenze quer durch das einstige Klostergelände: hie Stiftung, hie Land Sachsen-Anhalt

Wendet man sich wieder um, schlüpft an der Nordseite des Fürstenhauses durch den schmalen Durchgang und geht über die Brücke der Kleinen Saale, so blickt man in den parkähnlichen **Schulgarten [20]**. Er wurde unter Rektor Ilgen um 1825 anstelle von Obstwiesen angelegt. Eine erhaltene Skizze von Peter Joseph Lenné kam nicht zur Verwirklichung. Damals wurde auch

*Fürstenhaus, von Nordwesten*

# RUNDGANG

die inzwischen zu ungeheuerer Größe herangewachsene Platane gepflanzt.

Kehrt man sich nach Westen, so fällt bei dem Blick hinauf zum Chor der Kirche der beträchtliche Höhenunterschied im Gelände auf: Die Kirche musste innerhalb des für die Errichtung eines Klosters gewählten Geländes stets auf dessen höchstem Punkt stehen, sie durfte nicht von einem Gebäude mit einer Nutzung minderen Ranges überragt werden. Die Kirche ruht auf gewachsenem Stein, während die Klausur, aus der man in die Kirche hinaufsteigt, sich bereits in einst sumpfigem Gelände befindet. Dies hat in Pforte, weil die Fläche zwischen Kirche und Knabenberg nicht ausreichte, zur Folge, dass die Klausur entgegen der Norm (wie z. B. aber auch in Maulbronn) nicht auf der Süd-, sondern auf der Nordseite der Klosterkirche liegt. – Charakteristisch für eine Zisterzienserkirche ist der Dachreiter über der Vierung (aus Holz). Die Zisterzienser versagten sich (jedenfalls in der Frühzeit des Ordens) die Errichtung grundständiger Türme.

An der Südseite des gepflasterten Platzes steht die 1848 auf dem Gewölbe des abgetragenen Schieferhauses errichtete und

*Abtskapelle, Inneres, Blick nach Osten*

als solche bis heute genutzte **Turnhalle** [**21**] (einst auch Theatersaal), eine der frühesten in Deutschland. (Die auf der Südseite noch vorhandenen neuromanischen Rundbogenfenster wurden auf der Nordseite im 20. Jahrhundert verändert.)

Zur Rechten befindet sich die so genannte **Abtskapelle** [**19**]. Deren Äußeres wurde im 19. Jahrhundert ziemlich stark restauriert. Wann in vorangegangener Zeit die Dachform der Apsis dadurch verändert wurde, dass sie mit dem Schiff unter einen First gezogen wurde, wissen wir nicht.

Von Osten tritt man heute durch einen offenen Durchgang mit einem wertvollen Tympanon in eine Art Vorhalle. Das – einst bemalt gewesene – schlichte Bogenfeld dieses Tympanons von 1220/30 mit dem Vortragekreuz in der Mandorla als dem Zei-

*Blick von Osten auf den Chor und den nördlichen Querhausarm der Klosterkirche, das Fürstenhaus und die Abtskapelle* chen des Sieges wurde 1912 aus dem Ostflügel des Kreuzgangs hierher übertragen. Aus der Vorhalle führt eine kleine spitzbogige Pforte in die Kapelle. Errichtet wurde sie in den Jahren zwischen 1220 und 1240 zur Zeit des Übergangs der Romanik in die Gotik, und zwar (wahrscheinlich) als Kapelle des nördlich unmittelbar anschließenden **Infirmariums** (lat. krank, schwach), das sich in jedem Zisterzienserkloster in dem stillen östlichen Bereich des Klostergeländes befindet. In ihm wurden die alten oder kranken Mönche getrennt von den übrigen betreut. Auf der dem Schulgarten zugekehrten Ostseite sind im Erdgeschoss des Fürstenhauses die schönen originalen romanischen Gewände der Fenster und Türen dieses ebenerdigen Traktes von etwa 1150 noch erhalten, auf der Westseite zeichnen sich deren Reste im Putz ab. – Es ist erstaunlich, wie anspruchsvoll der Innenraum dieser Kapelle gestaltet und geschmückt wurde. Er gilt mit der eleganten Gliederung der Gewände der gepaarten Fenster und mit dem reichen Schmuck der Kapitelle der mit Schaftringen geschmückten Säulen als »eine der feinsten Leistungen des Übergangsstils in Deutschland« (Dehio). (Bis ins 19. Jahrhundert war diese edle Kapelle mit einer Zwischendecke versehen und wurde von der Schule über lange Zeit als Waschhaus und Holzstall, der obere Raum für Archivzwecke genutzt.) In der Spätzeit des Klosters wurde bei der Teilung des saalartigen Mönchsdormitoriums in Zellen das Infirmarium dorthin verlegt. Dieser Flügel diente nunmehr als Abtswohnung, die Siechenkapelle wurde zur Abtskapelle – eine Umnutzung, die auch bei anderen Zisterzienserabteien, z. B. in Buch (Sachsen, nahe Leisnig), zu beobachten ist.

Kehrt man durch den Durchgang ins Freie zurück und steigt neben der Turnhalle die schmale Treppe zur Kirche hinauf, so findet man, angelehnt an den Ostchor, den **einstigen Kloster-, späteren Schulfriedhof** [**23**] mit Grabstätten ehemaliger Lehrer, Rektoren und Bediensteten, auch von Schülern. Bemerkenswert sind im östlichen Teil das Grabdenkmal für den Universalhistoriker, auch Rektor der Universität Leipzig, Karl Lamprecht (1856 bis 1915, alumnus portensis 1869–1874) und die verschwiegene Grabstätte des bedeutenden Kunsthistorikers Wilhelm Voege (1868–1952) im neuen Teil [**22**] des Friedhofs, ferner beim Chor der Kirche die Gedenkstele für den hochverdienten sächsischen

Bergrat Johann-Gottfried Borlach (1687–1780), dem Artern, Bad Kösen und Bad Dürrenberg ihre Salinenanlagen verdanken. (Er ist kein Pfortenser gewesen.) Eine architektonische Kostbarkeit ist die frühgotische **Totenleuchte**, ein schlichtes, aus einem sechseckigen Körper zu einer schlanken Laterne sich verjüngendes Gebilde. Sie ist die einzige ihrer Art aus dieser frühen Zeit im gesamten deutschsprachigen Raum. Über ihre Errichtung und ihre Zweckbestimmung belehrt uns eine Urkunde von 1268 (dem Jahr der Weihe des frühgotischen Chors!), die im Archiv der Schule verwahrt wird. Bei Einbruch der Dunkelheit wurde vermutlich ein Licht in die Laterne hinaufgezogen.

Am südöstlichen Strebepfeiler des Chors der Kirche bemerkt man die gut lesbare **Gründungsinschrift** von 1251 für den frühgotischen Chor. Geht man sodann an der Evangelistenkapelle mit der Totenpforte vorbei an der Südflanke der Kirche entlang, so tritt die Strenge der Außenarchitektur mit den – für die Zister-

*Klostermauer, im südöstlichen Bereich den Knabenberg hinaufsteigend, von innen, Westen, gesehen*

*Totenleuchte auf dem einstigen Klosterfriedhof*

zienser sehr ungewöhnlich – hart auf die Obergadenwand auftreffenden Strebebögen besonders in Erscheinung. Es fällt auch auf, wie beträchtlich die Westfassade das Mittelschiff überragt.

Ein würdiger Abschluss des Rundgangs ist die Betrachtung der für eine Zisterzienserklosterkirche höchst ungewöhnlichen **Westfassade**, zumal deswegen, weil sie nicht die Eingangsseite der Kirche war (so hat z. B. die Klosterkirche Eberbach auf der Westseite überhaupt keine Türen, die Westfassade in Chorin nur ein nicht in die Kirche führendes Portal). Die Westfassade wurde errichtet in den Jahren vor oder um 1300. Die Verlängerung des nördlichen Seitenschiffs bis auf die Flucht der Westfassade ist eine Ergänzung der ersten Hälfte des 19. Jahrhunderts. Die Fassade wurde im 19. Jahrhundert mehrfach überarbeitet, dabei der Figurenschmuck verändert oder stark restauriert. Nach der letzten aufwändigen Restaurierung in den Jahren 1993–95 hat die Westfassade ihre starke Ausdruckskraft zurück gewonnen.

Lässt man das Gesamtbild der Fassade auf sich wirken, so fällt zunächst auf, dass sich in der vor das Mittelschiff gestellten Schaufassade viermal übereinander das Motiv des Spitzbogens wiederholt: im Mittelschiffsportal, im Gewände und den Archivolten, in dem großen fünfbahnigen Westfenster und schließlich in dem Baldachin über der Kreuzigungsgruppe im Giebelfeld. Reich ist noch immer der Figurenschmuck. Ob die Konsolen im Gewände des Portals je besetzt waren, ist ungewiss. Im Archivoltenzwickel sind die vier Briefapostel zu sehen: Petrus, Paulus, Jakobus d. Ä. und Johannes (im 19. Jahrhundert stark ergänzt). Die nicht besetzte Konsole trug ursprünglich vermutlich eine Marienkrönung. Unter dem Wimperg erkennt man die Mutter Gottes, die Patronin jeder Zisterzienserklosterkirche, mit dem Jesusknaben. (Nach neuesten Forschungen zum gesamten Figurenprogramm der Fassade ist dies nicht ihr originärer Standort. An ihrer Stelle befand sich eine – heute verlorene – Statue Salomos.) Unter Baldachinen befinden sich an den Strebepfeilern Adam und Eva. Auf den aus der Portalarchitektur aufsteigenden Fialen standen ursprünglich die Bildwerke der Ecclesia und der Synagoge (Letztere ist abgenommen, aber noch vorhanden, wenn auch stark verwittert). – Eindringlich wirkt die personenreiche Kreuzigungsgruppe im Giebelfeld: zu Seiten des Ge-

kreuzigten, über dem Weihrauchfässchen schwingende Engel schweben, auf Konsolen stehend links Maria, seine Mutter, mit Johannes und rechts – wie es allein das Johannesevangelium (19, 25 ff.) berichtet – Maria Magdalena, mit ihrem Attribut, dem Salbbüchschen, und Maria Salome, die Mutter des Johannes, Schwester der Maria, ebenfalls mit dem Salbbüchschen in der linken Hand. Eigenartig ist die Darstellung der beiden Schächer außen rechts und links: Sie stehen nicht auf Konsolen und scheinen keine Arme zu haben – weil sie nach rückwärts an das Kreuz gebunden waren, man ihre Arme also nicht sehen konnte. Und sie sind kleiner als die übrigen Figuren, wegen der perspektivischen Verkürzung, da ihre Kreuze abseits standen. Obwohl die gesamte Figurengruppe auf die Betrachtung aus der Ferne angelegt ist, enthält sie erstaunliche Feinheiten in der Körpersprache: So wendet sich Johannes Maria und dem Gekreuzigten zu und erinnert damit an die Schilderung im Johannesevangelium 19, 26 f.; der Schächer links, der reuige, neigt ebenfalls seinen Kopf dem Gekreuzigten zu. Ihm verhieß Jesus Christus: »Heute wirst du mit mir im Paradiese sein« (Lukas 23, 39 ff.). (Aus Befunden an geschützten Stellen ergibt sich übrigens, dass die Kreuzigungsgruppe ursprünglich farbig gefasst war.) Da im Gewände des Portals rechts eine Inschrift mitteilt, von welchen Heiligen Reliquien im Bereich des Kreuzes des Giebelfeldes eingeschlossen seien (nach denen man vergeblich gesucht hat), wurde vermutet, dass die Klosterkirche auch Wallfahrtskirche gewesen sei und auf der Brüstung des Giebelfeldes Reliquienweisungen stattgefunden haben. Es gibt jedoch hierfür keine schriftlichen Quellenbelege.

Die Betrachtung dieser ebenso an plastischem Schmuck reichen wie auch für eine Zisterzienserkirche rätselhaften Westfassade mag der würdige Abschluss des Rundgangs durch fast 870 Jahre der Geschichte in Pforte sein.

\* \* \*

*Klosterkirche, Kreuzigungsgruppe im Giebelfeld der Westfassade*

Dass Pforte in seiner gesamten Anlage heute wieder einen so gepflegten, aber auch vitalen Anblick bietet, ist ein Wunder. Die Landesschule Pforta und die Stiftung Schulpforta danken dem Land Sachsen-Anhalt, der Deutschen Stiftung Denkmalschutz und der Deutschen Stiftung Umwelt, die viele Millionen DM und Euro für die Sanierung der Kloster- und der Schulbauten bereitgestellt haben. Sie danken den vielen Förderern, Freunden und Ehemaligen der Landesschule, die sich der Wiederherstellung wertvoller Einzelobjekte angenommen haben. Es seien hier genannt: die Friderun und Hans Hadlich-Stiftung (Tumba, Gewölbe der Trinitatis- und der Margaretenkapelle), die Bauhütte Naumburg (Gotisches Haus und Betsäule), die Messerschmitt-Stiftung (Gotisches Haus), der Pförtner Bund (Tafelkreuz, Totenleuchte, Fenster in den südlichen Querhauskapellen, Wandschränke des Sanktuariums). Wir alle wissen, dass noch viel zu tun bleibt.

# DAS KLOSTER ST. MARIEN ZUR PFORTE

## Die Zisterzienser und Bernhard von Clairvaux

Der Orden der Zisterzienser wurde nach dem Ursprungskloster benannt, das 1098 in Cîteaux (Cistercium) gegründet wurde. Sein Gründer war Robert, Abt von Molesme, der sich zusammen mit einer Gruppe von 20 gleichgesinnten Mönchen 1098 in der Diözese Chalon-sur-Saône niederließ, um hier ein noch regelstrengeres Leben in Armut und Entsagung zu führen als es ihm in Molesme möglich gewesen war.

Seine ungemein rasche Entwicklung und Ausbreitung verdankt der Zisterzienserorden aber Bernhard (1090–1153), einem Adeligen aus Fontaine bei Dijon, der mit all seinen erwachsenen Geschwistern, zahlreichen Verwandten und Freunden um 1113 in das neue Kloster eintrat. Bereits nach zwei Jahren seiner Zugehörigkeit zum Konvent wurde er zum Abt einer neuen Tochtergründung in Clairvaux berufen. Abt von Clairvaux ist Bernhard auch bis zu seinem Lebensende geblieben, wenngleich er sich nur in den ersten Jahren dem Aufbau seiner Abtei widmen konnte. Als Ratgeber weltlicher und geistlicher Herren übte er tiefgehenden Einfluss aus, der seinen Höhepunkt darin fand, dass 1145 mit Eugen III. ein Zisterzienser aus Clairvaux Papst wurde. Durch seine Aufrufe zum zweiten Kreuzzug konnte er Frankreich und Deutschland zur Teilnahme bewegen. In den 40 Jahren seines Abbatiats hat Clairvaux 69 Tochterklöster gegründet, dazu kamen noch 75 Enkel und 22 Urenkel. Bernhard von Clairvaux prägte mit seinem Wirken das 12. Jahrhundert wie kaum ein anderer, so dass es als das bernhardinische Jahrhundert bezeichnet wurde. Schon 20 Jahre nach seinem Tod wurde er heilig gesprochen.

In schneller Folge wurden zu Beginn des 12. Jahrhunderts vom Ursprungskloster Cîteaux die Tochterklöster La Ferté (1113), Pontigny (1114), Clairvaux und Morimond (1115) gegründet. Von diesen vier so genannten Primarabteien ging in der Folge eine große Anzahl der zisterziensischen Neugründungen in Europa aus. Die Zeitgenossen der ersten Zisterzienser hielten das rasche Wachstum des Ordens im 12. Jahrhundert für ein Wunder. Schon zu Lebzeiten Bernhards von Clairvaux gab es 344 Zisterzienserklöster, ein Jahrhundert später waren es fast 650.

Gegenüber anderen Ordensbewegungen war die Ausbreitung des Zisterzienserordens so gewaltig, dass man erstmals von einem gesamteuropäischen Orden sprechen konnte. Diese Ausbreitung war möglich, weil es seit der Mitte des 11. Jahrhunderts ein großes Bevölkerungswachstum gegeben hatte. Was für nachgeborene Söhne von Adeligen zum guten Ton gehörte, suchte die bäuerliche Bevölkerung als Ausweg aus der grundherrlichen Abhängigkeit: die Zugehörigkeit zu einem angesehenen Orden. Dazu kam die straffe zentrale Organisation des Zisterzienserordens, die ihn angesichts der sich im Umbruch befindenden politischen und kirchlichen Machtverhältnisse in Europa zu einem Stabilitätsfaktor werden ließ.

## Das Kloster Pforte im Stammbaum der Zisterzienserabteien

Die Mutter fast aller deutschen Zisterzen war die Abtei Morimond, zu deren Nachfahren auch Porta/Pforte gehört. Kloster Kamp (Altenkamp 1123) am Niederrhein war die dritte von insgesamt 82 Stiftungen Morimonds und zugleich das älteste deutsche Zisterzienserkloster. Von ihm stammt wiederum etwa die Hälfte aller deutschen und im östlichen Mitteleuropa gelegenen Zisterzienserklöster ab. Die Ausbreitung erfolgte jedoch nicht schrittweise oder geradlinig. So konnten Enkelklöster mitunter näher liegen als Tochterklöster. Die Abtei Walkenried im Harz war 1129 das erste von 13 Tochterklöstern Altenkamps. Wie schnell die Ausbreitung weiterging, zeigt sich daran, dass Walkenried bereits drei Jahre nach der eigenen Gründung einen Konvent zur Besiedelung eines ehemaligen Benediktinerklosters nach Schmölln entsenden konnte. Immerhin durfte ein Kloster erst dann eine Filiation gründen, wenn mindestens 60 Mönche im Kloster lebten. Zwölf Brüder mit ihrem neuen Abt wurden jeweils zur Gründung entsandt. Die Schmöllner Niederlassung wurde jedoch 1137 aufgegeben und der Konvent wechselte an den heutigen Standort Pforte im Saaletal.

Das Kloster Pforte gründete seinerseits insgesamt drei Töchterklöster, die wiederum vier Enkelinnen und eine Urenkelin ins Leben riefen. So wurden 1175 gleich zwei Klöster gegründet, **Altzelle**, das zu einer der reichsten mitteldeutschen Zisterzen und zur Grablege der meißnischen Linie der Wettiner und 1281 zur Mutter **Neuzelles** wurde, und **Leubus**, das älteste und bedeutendste schlesische Zisterzienserkloster, das als Grabstätte für die dort herrschenden Piasten diente.

Leubus wiederum sandte 1218 seinen ersten Tochterkonvent nach Kacice (1222 nach **Mogila** verlegt), einen zweiten 1227 nach **Heinrichau** in Schlesien, das seinerseits 1292 **Grüssau** als Tochter übernahm, und einen dritten 1246 nach **Kamenz** (Schlesien). Die am weitesten nach Nordosten vorgeschobene Gründung Pfortes war **Falkenau** bei Dorpat (heute Tartu, Estland), die 1234 als Klosterburg angelegt wurde. Als Tochter Pfortes gilt auch das livländische Kloster **Dünamünde** im Gebiet von Riga. Es war 1208 vom Kloster Marienfeld gegründet worden und wurde 1228 bei einem Überfall durch die heidnische Bevölkerung zerstört. 1239 bekam Pforte, das inzwischen einen wesentlichen Anteil an der (Neu-)Etablierung des Klosters erlangt hatte, vom Generalkapitel in Cîteaux das Visitationsrecht über Dünamünde zugesprochen und wurde sozusagen zu dessen Mutterkloster. Doch das Schicksal dieses Kloster blieb tragisch. 1305 wurde es für 4000 Mark Silber an den Deutschen Ritterorden verkauft. Mit dem Geld kauften sich die Brüder 1310 das Dorf **Padis** in Estland, wo der Konvent 1343 von Esten überfallen und ermordet wurde.

Ebenfalls nur eine »angenommene« Tochter ist **Stolpe** am Südufer der Peene, das bereits 1153 als Benediktinerkloster gegründet worden war, sich 1305 dem Zisterzienserorden anschloss und auf Beschluss des Generalkapitels dem Kloster Pforte unterstellt wurde.

Reiht man alle diese Gründungen in den Stammbaum der Zisterzienserabteien ein, so befindet sich Pforte in einer Linie, die bis in die achte Generation lebensfähig war.

# Organisation des Ordens

Der Zisterzienserorden verfügte schon am Beginn seiner Ausbreitung über eine geschriebene Verfassung, die »Charta caritatis«, die neben der Benediktinerregel für ihn verbindlich war. In dieser Charta, die in ihren Grundzügen auf Stephan Harding, den dritten Abt von Cîteaux und Organisator des Ordens, zurückgeht, wurden die Grundsätze des zisterziensischen Mönchtums verbindlich festgelegt. Innerhalb des Klosterverbandes gab es zwei grundlegende Prinzipien.

## 1. Genossenschaftlichkeit

Alle Zisterzienserklöster waren selbstständige Vollklöster, die von Cîteaux ökonomisch unabhängig waren. Vertreten durch ihre Äbte, hatten sie ein Mitspracherecht beim alljährlichen Generalkapitel in Cîteaux. Unter dem Vorsitz des Abtes von Cîteaux tagten hier, jeweils ab 13. September, die Äbte aller Zisterzienserklöster. Ausnahmen wurden nur im Krankheitsfall gemacht und später, als viele Klöster viel zu weit entfernt lagen. Das Generalkapitel war die oberste Autorität des Zisterzienserordens. Seine Beschlüsse hatten Gesetzeskraft. Es war außerdem für Disziplinarsachen zuständig und für die Schlichtung von Streitigkeiten und konnte auch bei wirtschaftlichen Schwierigkeiten von einzelnen Zisterzen Entscheidungen treffen.

## 2. Hierarchie

Die Einzelklöster waren in einem Filiationssystem miteinander verbunden, in dem Cîteaux, gefolgt von den erwähnten vier Primarabteien (La Ferté, Pontigny, Clairvaux und Morimond) die herausragende Stellung einnahm. Dem Abt jedes Klosters oblag in den von seinem Kloster gegründeten Filiationen oder ihm unterstellten Klöstern die Visitationspflicht, er hatte bei Vakanz des Abtstuhls für die Verwaltung des Tochterklosters zu sorgen und auch ein Mitspracherecht bei dessen Abtswahl. In Cîteaux übernahmen die vier Äbte der Primarabteien gemeinsam diese Aufgabe.

Damit war jedes Kloster in der großen Linie an den Orden gebunden, in seinen eigenen Belangen aber doch weitgehend selbstständig. Diese Abgrenzung des Klosterverbandes nach außen, gegenüber anderen Mönchsgemeinschaften und die gleichzeitige straffe innere Organisation führten zu einem hohen Maß an Einheitlichkeit, so dass die Zisterzienser den ersten eigentlichen Orden im modernen Sinn bildeten.

Der Abt von Pforte visitierte seine Tochtergründungen Altzelle und Leubus. Außerdem zeitweise Falkenau und die in der älteren Literatur als Töchter angegebenen Klöster Dünamünde (später Padis) und Stolpe, wobei Dünamünde und auch Falkenau auf Beschluss des Generalkapitels später Stolpe unterstellt wurden. Daneben visierten die Äbte von Pforte noch von 1203–1220 das Nonnenkloster in Trebnitz, seit 1209 das Katharinenkloster in Eisenach und ab 1279 das Nonnenkloster Marienthron in Nimbschen. Außerdem nach einem Verzeichnis von 1551 noch die Mönchsklöster Ossegk, Plass und Heinrichau und die Nonnenklöster Marienstern bei Kamenz und Marienthal bei Zittau.

## Die Gründung des Klosters Pforte

Der Grundstein des Klosters Pforte wurde nach einer Walkenrieder Handschrift am 30. Oktober 1137 gelegt. Der Gründung des Klosters im Saaletal ging jedoch, wie erwähnt, schon eine Stiftung im Altenburger Land im Jahr 1132 voraus. Der bisher für die Geschichte der Klostergründung genutzte, zu Beginn des 13. Jahrhunderts von den Pförtner Mönchen verfasste Gründungsbericht ist nach den Ergebnissen der neuesten Geschichtsforschung nicht mehr haltbar. Nicht der fiktiven Gestalt des reichen und mächtigen Grafen Bruno vom Pleißengau verdankt Pforte seine Gründung, sondern allein dem Bischof Udo I. von Naumburg (1125–48). Dieser begegnete im März des Jahres 1131, als er mit anderen Bischöfen, Äbten und Vertretern des Adels am Reichstag in Lüttich teilnahm, erstmals Bernhard von Clairvaux. Dieses Zusammentreffen mit zahlreichen geistlichen und weltlichen Würdenträgern, das von Bernhard natürlich genutzt wurde, um seinen Orden zu empfehlen, hatte dank der charismatischen Ausstrahlung dieses Zisterzien-

# DAS KLOSTER

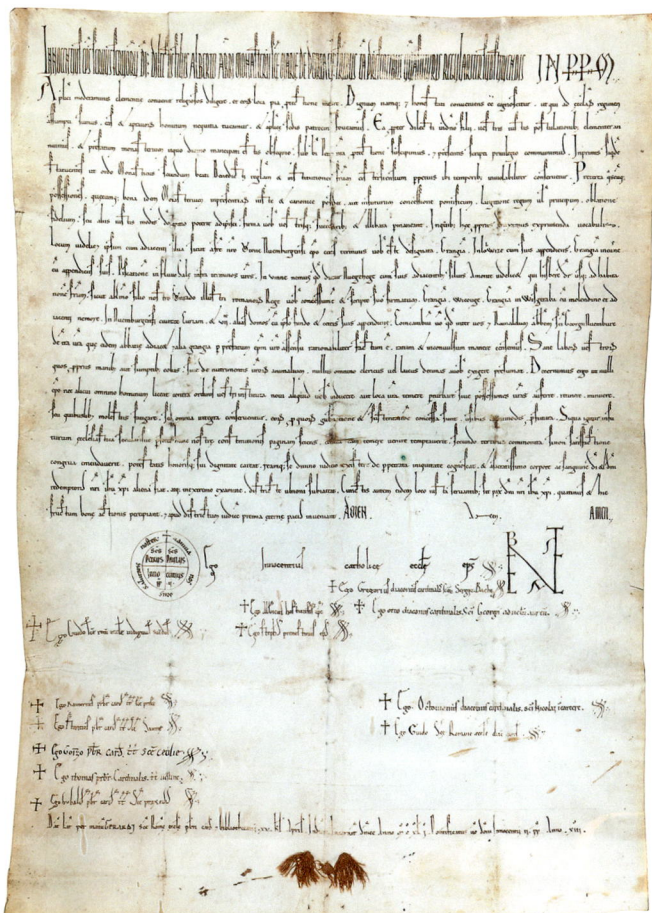

*Gründungsurkunde des Klosters Pforte vom 13. Januar 1138, ausgestellt von Papst Innocenz II.*

serabtes tatsächlich die rasche Verbreitung des Ordens im Reichsgebiet zur Folge. Auch für Bischof Udo I. war dies sicher der unmittelbare Anstoß für die Berufung der Zisterzienser in seine Diözese. Wahrscheinlich bemühte er sich noch in demselben Jahr in der erst 1129 gegründeten Zisterze Walkenried um einen

DAS KLOSTER

Gründungskonvent. Im November 1132 hielten die Walkenrieder Mönche Einzug in Schmölln. Doch das Vorhaben des Bischofs, diesen bisher vernachlässigten Teil seiner Diözese durch die Ansiedlung der Zisterzienser kirchlich und herrschaftlich besser zu erschließen, scheiterte. Denn den Mönchen wurde nach einiger Zeit klar, dass dieser Ort wegen des ungeeigneten Geländes und auch durch die »Nachbarschaft der barbarischen Völker und der Verfolgung durch üble Menschen« nicht ihren Vorstellungen entsprach. Da dem Bischof daran gelegen war, die Zisterzienser innerhalb seines Bistums zu halten, bot er ihnen einen anderen Ort zum Tausch an. Die Mönche wählten sich einen Platz in einem großen Waldbezirk unweit des Bischofssitzes Naumburg. Am 13. Januar 1138 bestätigte Papst Innocenz II. durch eine Urkunde die Stiftung des Klosters, insbesondere den Tausch der früheren Besitzungen in Schmölln gegen den »locum Portuensem« (vielleicht eine einst slawische Niederlassung), die Wirtschaftshöfe Lochwitz und Kösen, fünf Hufen in Rostewitz, eine Mühle, Wald und die Fischerei nebst anderen Gerechtigkeiten auf der Saale innerhalb des Klostergebietes. Damit war das neue Kloster Pforte rechtlich gesichert. So kamen die grauen Brüder ins Saaletal.

## Die Konversen

Das Bemühen der Zisterzienser, die Rückkehr zu den benediktinischen Idealen mit Eigenerwirtschaftung ohne Zins- und Pachtwirtschaft zu erreichen, stand im Widerspruch zu den großen liturgisch-kontemplativen Pflichten der Mönche und dem Streben nach Einsamkeit und Abgeschiedenheit von der Welt. Schon zu Beginn des 12. Jahrhunderts sahen sich die Gründer von Cîteaux wegen der Überlastung gezwungen, einen Kompromiss zu schließen. Das Institut der Konversen wurde eingeführt. Die Konversen unterschieden sich in Status, Lebensweise und Pflichten deutlich von den Mönchen. Sie waren zwar Ordensbrüder, doch ohne Mönchscharakter. Ihre Aufgabe bestand darin, die materielle Versorgung des Klosters zu übernehmen. Um die erforderliche Arbeit leisten zu können, wurden sie von einem Teil der liturgischen Pflichten befreit, bekamen zusätzliche Nahrungsrationen, für sie galten eingeschränkte Fastengebote und sie mussten an einigen Feiertagen arbeiten.

In Pforte findet sich in einer Urkunde von 1220 das erste Mal namentlich ein Konverse. Die genaue Zahl der Laienbrüder in Pforte ist jedoch nicht zu ermitteln, doch über ihre Tätigkeiten lässt sich anhand der erhaltenen Urkunden des Klosters einiges finden. Schmiede, Weber und Schuhmacher sind nachweisbar, der Gehilfe des Cellerar und auch der Aufseher über die Saalebrücke, der »magister pontis«, in Wenzendorf (heute Bad Kösen) waren Konversen. Daneben auch die Grangien- oder Hofmeister, die Schäfer und die für Vieh, Scheunen, Wagen und Geräte Zuständigen. Bis ins 14. Jahrhundert war die Leitung der Grangien meist völlig den Konversen anvertraut und von ihren Fähigkeiten abhängig. Ihre Aktivitäten zur Arrondierung der Ländereien finden sich in den Urkunden wieder und bezeugen, dass sie maßgeblich am Erwerb von Klostereigentum beteiligt waren und so zum Reichtum Pfortes einen wesentlichen Beitrag leisteten.

## Die wirtschaftliche Situation des Klosters Pforte

Um ihre Abgeschiedenheit von der Welt wahren zu können, mussten die Zisterzienser, sofern möglich, alle notwendigen handwerklichen Tätigkeiten in eigenen Werkstätten, officinae, ausüben. Eine vollständige ökonomische Unabhängigkeit erreichten die Klöster jedoch nicht, da bestimmte Rohstoffe, wie z.B. Salz oder Eisen, meist nicht selbst gewonnen werden konnten und gekauft werden mussten. Andererseits erwirtschafteten die meisten Klöster auch Überschüsse, die sie nicht selbst brauchten und die sie verkaufen wollten. Daher erlaubte das Generalkapitel schon 1152 den Besuch von Märkten, obgleich es diesen für gefährlich und wenig ehrenvoll hielt.

Bald schon wurden die Zisterzienser zu einem beachtenswerten Faktor im Handelsleben ihrer Zeit. Sie beförderten ihre Waren mit eigenen Transportmitteln und eigenem Personal, errangen vielerorts das Privileg der Zollfreiheit für ihre Waren und kauften in den Städten Grundstücke, die sie für ihren Warenhandel nutzten. Auf Grund ihrer vorbildlichen Wirtschaftsführung bei gleichzeitigem Verzicht auf eine luxuriöse Lebensweise verfügten die Zisterzienser bald über ein finanzielles Polster, das es ihnen ermöglichte, auch Finanzgeschäfte zu tätigen.

Pforte war ein Kloster, das wirtschaftliche Schwierigkeiten bis zu seinem Ende nicht kannte. Abgesehen davon, dass es durch eigene Wirtschaftsgebäude und Werkstätten fast autark war (in Pforte sind Mehl-, Öl- und Sägemühle, Back- und Brauhaus, Kelter, Gerberei, Schuhmacherwerkstatt, Weberei, ein kleiner Gewürzgarten und ein Bienengarten nachgewiesen, vermutlich gab es auch eine Schmiede und eine Walkmühle), finden sich in den Urkunden des Klosters bald Hinweise auf eine rege Handelstätigkeit.

Stadthöfe in Naumburg, Jena und Erfurt sind überliefert, wobei über die Nutzung des Letzteren das meiste bekannt ist. 1212 erhielt das Kloster diesen Hof, der zum Lager- und Stapelplatz der Mönche vor allem für die Produkte der 1208 gegründeten Grangie (landwirtschaftlicher Zweigbetrieb, s. u.) in Vehra wurde. Aber auch aus den Besitzungen in Leuthenthal-Sachsenhausen, Großobringen, Brembach und Wallichen kamen die Erzeugnisse nach Erfurt. Weizen, Roggen, Gerste, Hafer, Erbsen, Hanf, Flachs, Vieh, vor allem Schafe, Wolle, Häute, Wachs und natürlich Wein wurden dort umgesetzt. Über den Geldumsatz im Erfurter Hof ist leider nichts bekannt.

Dass es dem Kloster aber selbst kurz vor seinem Ende nicht an barem Geld mangelte, zeigt sich in den Geldgeschäften, die es noch im 16. Jahrhundert tätigte. Neben Herzog Georg, der 1508 in Pforte insgesamt 12 000 Gulden als Darlehen aufnahm, liehen sich vom Kloster im Zeitraum von 1512–20 z. B. Otto von Nißmitz 100 Gulden, der Rat zu Eckartsberga 700 Gulden, die Schenken zu Tautenburg 320 Gulden, Herzog Georg noch einmal 700 Gulden, Sigmund Graf zu Gleichen 3000 Gulden, der Rat zu Leipzig 1000 Gulden und Gebhard Graf zu Mansfeld ebenfalls 1000 Gulden.

Auch in Bergwerksanteilen legte das Kloster sein Geld an. Auf dem Brande bei Freiberg, auf dem Geyer und im Joachimsthale besaß es Anteile, ebenso bei Sangerhausen. Daneben gehörte Pforte zeitweise als Pfand ein Hammer zu Weischlitz bei Plauen.

## Die Landwirtschaft des Klosters Pforte

Da sich die Zisterzienser weitgehend durch ihrer Hände Arbeit versorgen wollten, nahm die Landwirtschaft den entscheidenden Platz im Wirtschaftsleben der Zisterzienser ein. Das Land, das man bewirtschaftete, sollte möglichst frei von allen feudalen Lasten sein. So übernahmen die Zisterzienser bei der Gründungsausstattung auch zinsende Dörfer und Höfe und lösten diese dann auf, um Eigenwirtschaft zu betreiben. Die Steuer- und Zinsfreiheit dieser Ländereien und die gleichzeitige Freisetzung von Arbeitskräften (Lohnarbeiter oder künftige Konversen) für den Eigenbetrieb waren die Gründe für dieses »Bauernlegen« der Zisterzienser.

Für ihre Eigenwirtschaft bauten sie landwirtschaftliche Zweigbetriebe, so genannte Grangien auf. Jede dieser Grangien wurde durch einen Hofmeister (magister grangiae) geleitet, der meist Konverse war. Die Grangien sollten nicht mehr als eine Tagesreise vom Kloster entfernt liegen, um die Kontrolle der Lohnarbeiter und Konversen und die Teilnahme Letzterer am sonntäglichen Gottesdienst zu gewährleisten.

50 Hufen Land im Saaletal bildeten vermutlich den ursprünglichen Besitz des Klosters Pforte, der in den folgenden Jahren stetig durch Kauf, Tausch und Schenkungen vergrößert wurde. Dabei waren die Mönche in erster Linie an Besitzzusammenlegung interessiert; systematisch erwarben sie erst im Tal, dann auf den Höhen Grundeigentum.

Durch Melioration wurden im Saale- und Unstruttal sumpfige Böden urbar gemacht. Feldfrucht-, Wiesen- und Obstbau betrieben die grauen Brüder, daneben auch Weidewirtschaft. Pforte besaß neun Obstgärten, denen ein »magister pomerii« vorstand. Eine von den Mönchen vermutlich aus dem Bassigny mitgebrachte Apfelsorte wurde hier veredelt und ist heute noch bekannt. Es ist der schmackhafte Borsdorfer Apfel, der im Porstendorfer (Borsendorfer) Obstgarten bei Jena gezüchtet wurde. In Frankreich nannte man ihn »Pomme de Porte« und auch in Polen soll er nach den Mönchen, die die Pfropfreiser mitbrachten, »da Porta« heißen. – Beim Getreideanbau lassen sich Weizen, Rog-

## DAS KLOSTER

*Romanischer Kelch (oder unterer Teil einer Deckeldose?; Ende 12. Jh.) und Laterne aus Holz (14.–15. Jh.)*

gen, Gerste und Hafer nachweisen, aber auch Erbsen, Mohn und Lein wurden auf den Feldern angebaut.

Was die Viehzucht angeht, so war vor allem die Geflügelzucht bedeutend, da den Mönchen (neben Fisch) das Fleisch von Vögeln zu essen erlaubt war. Hühner, Gänse und Kapaune wurden gezüchtet, aber auch die Schafzucht betrieb das Kloster in größerem Umfang. Kühe, Pferde und Schweine besaß Pforte auf den Höfen ebenfalls.

## Der Weinbau des Klosters Pforte

Neben dem Getreideanbau setzten die Zisterzienser einen zweiten Schwerpunkt: den Weinbau. Die Regel Benedikts sah vor, dass jeder Mönch täglich eine Hemina (etwa ein Viertelliter) Wein trinken dürfe. Eigentlich war Benedikt von Nursia zwar der Meinung, dass Wein gar nicht zum Mönchsleben passe, »aber weil sich die Mönche heutzutage davon nicht überzeugen lassen, sollten wir uns wenigstens darauf einigen, nicht bis zum Übermaß zu trinken, sondern weniger.«

Die Mönche Pfortes fanden im Saaletal, das jährlich 233 Sonnenstunden mehr aufzuweisen hat als das Moseltal, günstige Bedingungen für den Weinbau vor. Zwar waren nicht sie es, die den Weinbau in die hiesige Gegend brachten, jedoch ist es ihnen zu verdanken, dass er so an Bedeutung gewann. Der erste urkundlich nachweisbare Weinberg Pfortes entstand vermutlich 1153. Es ist der Keppel- oder Köppelberg, der 1154 als Neuanlage erwähnt wird und direkt vor dem Klostertor liegt. 1168 wird der nächste Weinberg erwähnt, diesmal im Unstruttal, 1178 kam ein dritter in Mertendorf hinzu. Die große Bestätigungsurkunde Kaiser Ottos IV. von 1209 zählt dann schon eine ganze Reihe von Weinbergen auf. Das Kloster ergriff nun nach und nach von den sonnigen Kalksteinhängen im Saaletal Besitz und scheute auch Auseinandersetzungen mit dem Moritzkloster in Naumburg nicht, das ebenfalls Weinberge im Saaletal bewirtschaftete. Eine Urkunde vom Jahr 1254 zeigt, dass das Kloster längst mehr Wein produzierte als es für den Eigenbedarf bei Tisch und zur Labung der Kranken brauchte. Denn es bekam das Privileg, Wein zollfrei nach Halle liefern zu dürfen. Auch war es bereits 1205 in der Lage, beim Ankauf des Dorfes Flemmingen 200 Fuder Wein dem Kaufpreis zuzuschlagen. Der Erwerbssinn der Mönche hatte über die Ordensgebote gesiegt. Wein wurde zum wichtigen Handelsgut.

Es ist heute leider nicht mehr möglich, den gesamten Besitz des Klosters an Weinbergen zu ermitteln. Das Erbbuch von 1551 gibt allein 58 Weinberge um Pforte und Kösen an. Hinzu kommen noch die Berge in Mertendorf, Gernstedt, Hechendorf und einzelne im Äbtischen Holz, in Vehra und Erfurt. Doch die Angaben im Erbbuch sind nicht mehr genau mit dem ehemaligen

Klosterbesitz identisch. In der älteren Literatur wird der Gesamtertrag auf 200 000 Liter in normalen Jahren geschätzt. Dem Kloster stand vom Ertrag seit dem 14. Jahrhundert nur die Hälfte zur Verfügung, da die Weinberge im Zuge der allgemeinen Entwicklung nicht mehr in Eigenbewirtschaft betrieben werden konnten, sondern als »Halbberge« vergeben wurden. Dabei wurde der Wein zu gleichen Teilen zwischen dem Kloster und den Halbwinzern aufgeteilt. Vielleicht das schönste Beispiel für den Kauf eines Weinberggeländes findet sich in einer Urkunde aus dem Jahr 1378. Hier verkaufte das Moritzkloster in Naumburg ein bebautes Stück Land zwischen zwei Weinbergen an den Bruder Heinrich, Konverse und Schuhmeister des Klosters Pforte, für zwei (Paar?) Filzschuhe. Diese waren dem Probst des Moritzklosters allerdings jährlich zu reichen. Das spricht sowohl für die Geschäftstüchtigkeit der grauen Brüder als auch für die Qualität der Pförtner Filzschuhe.

## Die wissenschaftliche Betätigung der Pförtner Mönche

Was eigene Studien oder gar Lehrtätigkeit anging, so sahen die Gründer von Cîteaux, wenngleich sie die Wissenschaften nicht ablehnten, ihre Hauptaufgabe doch in der Befolgung der Ordensregel. Die Anziehungskraft, die im 12. Jahrhundert vom Orden ausging, war im 13. Jahrhundert nicht mehr in gleichem Maße vorhanden. Das Auftreten der Dominikaner und Franziskaner führte zu einem Wandel in der geistigen Orientierung der Orden. Da sich die Bettelmönche hauptsächlich der Lehre und Predigt zuwandten und deshalb auch die Universitäten besuchten, genossen sie große Popularität, und die Zisterzienser gerieten zunehmend ins Abseits. Um dem drohenden Verfall des Ordens entgegenzuwirken, richtete Stephan Lexington, Abt von Clairvaux, 1246 mit Genehmigung des Papstes in Paris ein Studienhaus für Zisterzienser ein, das, weil es sich bewährte, 1320 vom Generalkapitel gekauft wurde. Weitere Einrichtungen dieser Art folgten in ganz Europa.

Auch das Kloster Pforte verschloss sich nicht der neuen Richtung, die der Orden eingeschlagen hatte. Wenn auch nicht in Paris, so finden sich doch, nachdem in Erfurt und Leipzig die Hochschulen, bzw. auch Studienhäuser der Zisterzienser entstanden waren, Mönche aus Pforte in deren Immatrikulationslisten. Im Zeitraum von 1435 bis 1522 stellte Pforte mit 37 Immatrikulierten die meisten studierenden Zisterzienser in Leipzig.

## Der Verfall des Ordenslebens

Seit der Gründergeneration hatten sich Veränderungen in der Gesellschaft vollzogen, die sich auch im Zisterzienserorden widerspiegelten. Gegen Ende des 14. Jahrhunderts war ein Verfall des zisterziensischen Ordenslebens sichtbar durch die häufige Missachtung elementarster Vorschriften für das gemeinsame Leben im Kloster. Viele Mönche verletzten das Keuschheitsgebot oder verließen ihr Kloster. Hinzu kam der wirtschaftliche Niedergang vieler Abteien. Die Gebäude verfielen, die Anlagen verödeten. Nachwuchs fehlte, um Gottesdienst oder Ordensdisziplin aufrecht zu erhalten.

Das Kloster Pforte blieb von diesen Nöten nicht unberührt, wenn es auch, wie erwähnt, ernsthafte wirtschaftliche Schwierigkeiten nicht kannte. Schon im ausgehenden 13. Jahrhundert gab es Grund zur Klage, wie ein satirisches Gedicht beweist, das unter anderem auch die Lage in Pforte schildert. Danach vergeht kein Tag, an dem der Abt von Pforte nicht gezwungen wird, etwas herauszurücken. Nicht einmal sein geistliches Kleid schützt ihn. Der eine kommandiert, der andere droht. Einer verlangt Geld, ein anderer fordert Korn, der nächste raubt gleich 100 Schafe, der fordert ein Schock Brote, der andere Hafer usw. Selbst vor Prügel sind die Mönche nicht sicher. Jagdgesellschaften quartieren sich ein, und »wenn sie dann gefressen und gesoffen haben, vollführen sie mit ihren Jagdhörnern ihren Lärm und beginnen zu johlen, als wenn der Wolf im Kloster wäre.«

Gegen diese Drangsalierungen erbat sich das Kloster sogar Hilfe beim Papst, der 1319 eine ständige Kommission zum

Schutz Pfortes einsetzte. 1457 sorgte eine anonyme Denunziation, das Kloster sei bis zum Grunde verdorben, beim Landesherrn für Aufregung, doch fiel die Visitation zugunsten Pfortes aus. Auch beweisen die noch nach 1500 getätigten zahlreichen Geldgeschäfte, dass das Kloster finanziell gut gesichert war.

Doch 1516 geriet das Kloster erneut in Verruf. Der neugewählte Abt Johannes, vormals Leiter einer Grangie und guter Landwirt, hatte einen Bursar, dem der Konvent nicht traute. Als eines Tages der Abt gemeinsam mit dem Bursar und einer verdächtigen Kiste das Kloster verlassen wollte, kam es zum Aufruhr. Als der Konvent zudem dahinterkam, dass der Abt in Naumburg ein Haus gekauft hatte und dort eine Frau wohnen ließ, mit der er ein Verhältnis unterhielt, verschärfte sich die Situation. Außerdem verwahrte die besagte Frau noch eine Geldsumme, die sich der Abt als Grangienmeister »erspart« hatte – Geld, das eigentlich dem Kloster gehörte, denn Mönche durften ja keinen Besitz haben. Der Abt wurde gefangengenommen, konnte aber fliehen. Der Konvent verfolgte ihn und der Landesherr sah sich genötigt, in den Tumult einzugreifen. Der Abt musste abdanken, rechtfertigte sich später. Doch die herzogliche Regierung interessierte das bereits nicht mehr. Sie begann nun mehr und mehr, sich in die Belange des Klosters einzumischen.

## Das Kloster Pforte im Reformationszeitalter

Der Zisterzienserorden büßte im 16. Jahrhundert insgesamt etwa 460 Abteien ein. Die Gründe für den Untergang vieler Zisterzen liegen nicht hauptsächlich im vorangegangenen Verfall der Klöster, sondern erwuchsen vor allem aus religiösen Gegensätzen und natürlich nicht zuletzt auch aus den wirtschaftlichen Interessen der Landesherren.

In Deutschland begann mit dem Thesenanschlag Luthers 1517 eine bewegte Zeit. Der Bauernkrieg brachte viele Zisterzienserklöster an den Rand des Ruins. Pforte blieb vorerst von

## DAS KLOSTER

allem verschont, nur der Klosterhof in Vehra verfiel der völligen Ausplünderung durch aufständische Bauern.

Doch schon zur Regierungszeit des katholischen Herzogs Georg von Sachsen kündigte sich das allmähliche Ende des Klosters an. Der Herzog mischte sich in die Abtswahlen ein und setzte Visitationen durch. Das tat er durchaus als streng gläubiger Katholik, der den Missständen in den Klöstern seines Landes durch die Kontrolle unbestechlicher, von ihm selbst eingesetzter Beamter abhelfen wollte. Die Kontrollkommission befand, dass in Pforte in den letzten Jahren eine äußerst schlechte Haushaltung betrieben worden war. Daraufhin hatte das Kloster seine Herbergswirtschaft einzustellen, sämtliche Urkunden und unnötige Kleinodien nach Leipzig einzusenden und Sparmaßnahmen bei Heizung, Küche und Gesinde durchzusetzen. Der Abt versuchte sich zu wehren und zu retten, was zu retten war. Doch der Landesherr und die Landstände waren stärker. 1537 musste Abt Petrus schließlich alle Wertgegenstände auf der Pleißenburg in Leipzig hinterlegen, nachdem er zuvor noch Abschriften von den Urkunden für sein Klosterarchiv hatte anfertigen lassen. Auch der Zwangseinlage von 1000 Gulden, Vorschriften zur Forstnutzung und baulichen Erhaltung des Klosters, dem Verbot von Verkäufen und der Bezahlung aller Schulden musste der Abt zustimmen. Das Ende seiner freien Klosterwirtschaft war gekommen.

1539 starb Herzog Georg und der protestantische Herzog Heinrich trat die Regierung an. Im Juni 1540 wurde der gesamte Besitz sequestriert, Abt und Konvent, darunter alteingesessene Mönche, deren ältester seit 56 Jahren in Pforte war, wollten bleiben. Doch es nützte nichts, am 9. November 1540 wurde das Kloster aufgehoben. Der Abt musste mit den letzten elf Mönchen und vier Laienbrüdern die Gebäude verlassen. Die meisten von ihnen wandten sich nach Naumburg oder Erfurt und ließen sich jährlich zu Martini und Walpurgis ihre Abfindung, je 15 Gulden und einen halben Malter Roggen, aushändigen. Abt Petrus, nunmehr bürgerlich Peter Schederich, trat zum evangelischen Glauben über, heiratete sogar und wohnte bis zu seinem Tod am 7. Februar 1546 in Erfurt, vermutlich im ehemaligen klösterlichen Stadthof. Sein früheres Kloster hatte inzwischen eine neue Aufgabe zugewiesen bekommen.

# DIE LANDESSCHULE PFORTA

## Die Gründung der Landesschule

Nach der Schließung des Klosters St. Marien zur Pforte durch Herzog Heinrich von Sachsen standen die Klostergebäude zunächst drei Jahre leer, und die Besitztümer Pfortes wurden durch die Stände des Landes verwaltet, bis der tatkräftigere Sohn Heinrichs, Moritz von Sachsen, das ehemalige Kloster einer neuen Bestimmung zuführte. Er erließ am 21. Mai 1543 eine »Neue Landesordnung«, in der er festlegte, dass unter Verwendung säkularisierter Klostergüter drei staatliche Lehranstalten gegründet werden sollten. So wurden noch 1543 in Pforte und Meißen (St. Afra) Schulen eingerichtet, während die dritte Gründung (St. Augustin) erst 1550 im Augustinerkloster in Grimma zustande kam. Da die Schulen nicht nur in den einstigen Klostergebäuden untergebracht wurden, sondern auch den Besitz des aufgehobenen Klosters als materielle Grundlage erhielten, konnte man sich die Schüler unabhängig von ihrer sozialen Herkunft nur nach ihrer Begabung auswählen. Denn Unterricht, Unterkunft und Verpflegung, aber auch Kleidung, Schuhe, Papier, Tinte und Licht erhielten die Schüler unentgeltlich. Ziel des Landesherrn war es, sich in diesen Schulen für das albertinische Sachsen einen gut ausgebildeten Nachwuchs an künftigen Beamten, Wissenschaftlern, Lehrern und protestantischen Geistlichen heranzuziehen.

Beim Eintritt in die Schule musste der neue Alumnus feierlich geloben, dass er fromm und gottesfürchtig, fleißig, gehorsam und dankbar sein wolle. Die Schüler (ausnahmslos Jungen) waren zwischen 11 und 15 Jahren alt, Landeskinder und evangelischen Glaubens. Anfangs für 100 Schüler vorgesehen, lebten und studierten nach Anbau eines neuen Gebäudes im Jahr 1568 nun 150 Knaben in der Landesschule Pforte, zusammen mit fünf Lehrern (Rektor, Konrektor, Tertius, Pastor, Kantor), von denen es übrigens bis 1679 nur dem Rektor gestattet war, sich zu verheira-

# DIE LANDESSCHULE

*Herzog Moritz von Sachsen und König Friedrich Wilhelm III. von Preußen. Ausschnitt aus der Verglasung von 1893 des südöstlichen Fensters im Chor der Klosterkirche.*

ten. Die Alumnen schliefen zu zweit in den ehemaligen Mönchszellen, die unbeheizbar waren, und die Lehrer lebten mit im Schulgebäude, um die Schüler jederzeit beaufsichtigen zu können. Schwerpunkt der Ausbildung waren die alten Sprachen, besonders Latein. Sechs Jahre dauerte die reguläre Schulzeit und alle halben Jahre mussten sich die Schüler einer Prüfung unterziehen. Eine Abschlussprüfung gab es nicht. Wer abgehen wollte, musste dies bei der Synode der Lehrer vorbringen und (seit Ende des 16. Jahrhunderts) zugleich eine Abschlussarbeit, die so genannte Valediktion, übergeben. Diese wurde von den Lehrern korrigiert und zur festgesetzten feierlichen Verabschiedung des Schülers von ihm mit Dankesworten als Abschiedsrede vor der versammelten Schule verlesen. Der Rektor stellte dem Schüler

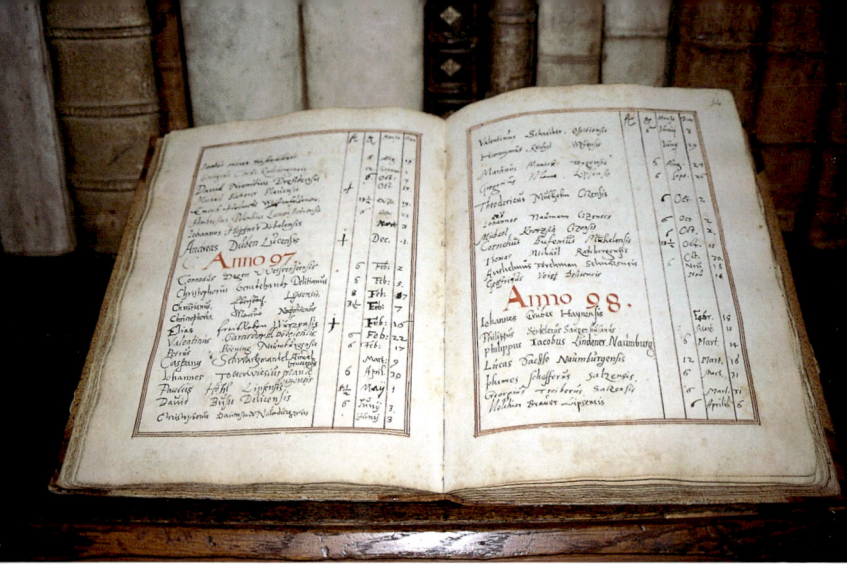

*Älteste Schülermatrikel (16. Jh.) im Archiv der Landesschule Pforta*

dann ein Abgangszeugnis in lateinischer Sprache aus. Besonders gute Schüler erhielten sogar noch auf drei Jahre ein Stipendium für die Universität.

## Die Zeit vom Dreißigjährigen Krieg bis zum 18. Jahrhundert

Nachdem in der zweiten Hälfte des 16. Jahrhunderts und Anfang des 17. Jahrhunderts der Aufbau der Schule im Wesentlichen abgeschlossen war, brach der Dreißigjährige Krieg aus und sollte bald ihr Bestehen in Frage stellen. 1624 konnte die Schule noch, zum ersten Male, ihr Gründungsfest feierlich begehen, doch ab 1631 machte sich der furchtbare Krieg auch in Schulpforte bemerkbar. Insgesamt neunmal mussten Lehrer und Schüler während der Kriegsjahre die Schule verlassen. Plünderungen durch kaiserliche Soldaten und vor allem schwedische Truppen waren an der Tagesordnung. Schüler oder Lehrer kamen jedoch kaum zu Schaden. Der Schulverwalter, der sich weigerte, nach geleisteten Zahlungen noch mehr zu geben,

# DIE LANDESSCHULE

wurde im Januar/Februar 1637 sechs Wochen als Gefangener von den Schweden mitgeschleppt. Vermutlich war es auch der Schulverwalter, der eine Anzahl Gold- und Silbermünzen im »Fürstenhaus« versteckte, wo sie erst 1908 bei Umbauarbeiten aufgefunden wurden, weil er noch vor dem Friedensschluss gestorben war.

Am Ende des Dreißigjährigen Krieges war es um die Schule nicht gut bestellt. Die Verpflegung war knapp, obwohl sich nur 65 Schüler eingefunden hatten. Die volle Schülerzahl wurde erst 1682 wieder erreicht. Aber auch die Studien und die Disziplin hatten durch die Kriegszeit gelitten und erholten sich nur langsam. Ende des 17. Jahrhunderts wurden erstmalig auch Extraneer (= Schüler, die bei einem der Lehrer wohnten und speisten) in die Schule aufgenommen, während es vorher streng verboten gewesen war, »Privatknaben« anzunehmen.

1700 ließ August der Starke von Sachsen in Pforte die Gräber aufbrechen und mit der Wünschelrute nach Schätzen suchen. Die Schatzsucher fanden nichts, richteten aber Schäden an und verursachten Kosten in Höhe von 1800 Gulden. Kurz darauf, in den Jahren 1706/07, hatte Pforte als Auswirkung des Nordischen Krieges wieder unter schwedischen Truppen zu leiden und musste große Kontributionen zahlen.

## Die Verpfändung der Schule an Sachsen-Weimar

August der Starke ließ 1712 zur Auffüllung seines Militäretats das Amt Schulpforte für 100 000 Gulden an den Herzog Wilhelm Ernst von Sachsen-Weimar verpfänden. Obwohl von den Gütern der Schule nach ihrer Fundationsurkunde nie etwas hätte weggegeben werden dürfen und die zu dem Zweck der Verpfändung von August berufene Kommission schwere Bedenken äußerte, kam der Vertrag zustande. Allerdings blieb die Schule dem Oberkonsistorium in Dresden unterstellt. Im Dezember 1712 übergaben Dresdner Beamte Schulpforte feierlich den Weimarischen Beamten. Die Rückgabe der

Schule und damit auch die Rückzahlung der geliehenen Summe sollte 1724 erfolgen, musste aber wegen Geldmangel bei den Dresdnern verschoben werden und geschah erst 1733.

Währenddessen waren 1725 ein Mathematiklehrer und ein französischer Sprachmeister berufen worden. Französisch begann als internationales Verständigungsmittel in Europa langsam Fuß zu fassen, und man schien auch in Schulpforte dieser Zeitströmung zu entsprechen. Doch in der Realität galt der französische Sprachmeister nicht als ordentlicher Lehrer, sondern nur als »maître« und der Schwerpunkt der Ausbildung blieb bei den alten Sprachen.

## Die Reformen am Ende des 18. Jahrhunderts

Insgesamt hatte sich in Schulpforte seit Beginn des 17. Jahrhunderts nur wenig geändert. Am Ende des Siebenjährigen Krieges hatte die Schule noch fast dieselbe Verfassung wie 1602. Noch immer lebten die Alumnen zu zweit in den nicht heizbaren ehemaligen Mönchszellen, Freizeit und Erholung gab es kaum, statt dessen aber ein Übermaß an Gottesdiensten und Andachten. Mit frischer Luft und Natur kamen sie selten in Berührung, der Schulgarten diente nur der Obstgewinnung. Körperliche Betätigung oder auch Körperpflege kannte man kaum. Die Schüler wuschen sich auf den Gängen vor ihren Zellen, soweit das dort möglich war oder sie Lust dazu hatten. Außer einem neuen Klassenraum für den Mathematikunterricht hatte sich an den Unterrichtsräumen nichts geändert. Auch die Lehrgegenstände, ja sogar die Lehrbücher, waren zum Teil noch die gleichen wie vor zweihundert Jahren. Nur die Lehrer hatten es inzwischen etwas besser und lebten mit ihren Familien in eigenen Haushalten. Eine neue Schulordnung 1773 brachte noch keine wirklich durchgreifenden Veränderungen. Erst die ausführlichen Berichte des 1778 ins Amt berufenen Rektors Geissler und zwei Todesfälle unter den Alumnen rüttelten die sächsische Regierung auf. So wurde 1783 eine Krankenanstalt gebaut, in der

# DIE LANDESSCHULE

auch ein eigener Schularzt und ein Wundarzt Unterbringung fanden und statt der kleinen Zellen entstanden große Schlafsäle für die Schüler. Außerdem wurde der Obstgarten der Schule den Schülern zum Spielen freigegeben. 1797 gingen die Reformen weiter: Das Schulhaus wurde völlig umgestaltet; zu den Schlafsälen kamen heizbare Studierstuben hinzu, und es wurden Collaboratoren angestellt. Diese sollten unter den Schülern wohnen, sie stets beaufsichtigen und alle Aufgaben übernehmen, die die Lehrer nicht ausführen konnten oder wollten. Diese Einrichtung bewährte sich jedoch nicht und wurde deshalb 1820 wieder abgeschafft.

*Porträt von Friedrich Gottlieb Klopstock, Ölgemälde (Künstler unbekannt); rechts oben das Titelblatt seiner Valediktionsarbeit von 1745*

# DIE LANDESSCHULE

## Der Übergang der Schule an Preußen

Seit Ende des 18. Jahrhunderts befand sich die Schule in einem Reformprozess, der auch zu Beginn des 19. Jahrhunderts, wenngleich durch Kriege unterbrochen, fortdauerte. Rektor der Schule war zu dieser Zeit Carl David Ilgen, der berühmteste aller Pförtner Rektoren. Unter seiner Mitwirkung wurde 1811 von der Dresdener Regierung eine neue Schulordnung erlassen, die unter anderem den Unterricht in Deutsch in die öffentlichen Lektionen aufnahm, ebenso Geographie und Geschichte. Während das Oberkonsistorium in Dresden glaubte, die Reformen in der Schule nun zu einem zufriedenstellenden Abschluss gebracht zu haben, veränderte die letzte Phase der Napoleonischen Kriege die gesamte Situation. Denn mit dem Wiener Kongress von 1815 musste Sachsen mit zwei Dritteln seines Landes auch die Landesschule Pforta an Preußen abtreten. Rektor Ilgen sah dem Übergang von Sachsen zu Preußen für Schulpforte nicht ohne Sorgen entgegen. Doch die preußische Regierung wusste die Schule wohl zu schätzen. Auch muss in diesem Zusammenhang auf die Bedeutung Wilhelm von Humboldts, der mit Ilgen befreundet war, hingewiesen wer-

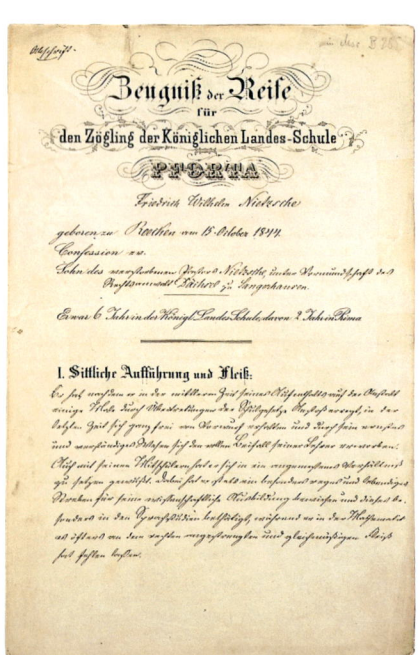

*Abiturzeugnis von Friedrich Nietzsche aus dem Jahr 1864 (Abschrift)*

den. Er bewirkte in seiner einflussreichen Stellung die Durchsetzung des neuhumanistischen Prinzips in Lehre und Erziehung und trug damit wesentlich zur Weiterentwicklung der Schule bei.

In der Zeit von 1815-25 gewann die Landesschule jene Gestalt, die sie fast ein Jahrhundert unverändert behalten sollte. Mit der Anstellung profilierter Pädagogen, die erstmals nicht mehr nach ihrer theologischen Vorbildung ausgewählt wurden, erhöhte sich das fachlich-pädagogische Profil der Schule bedeutend. Es durfte auch kein Schüler mehr »sub conditione« aufgenommen werden, also, wenn er nicht völlig geeignet erschien. Aufnahmeprüfungen und Versetzungen sollten strenger gehandhabt werden und das Abitur wurde verbindlich eingeführt.

Auch der Lehrplan erfuhr tiefgreifende Änderungen. Während früher die alten Sprachen und Religion dominiert hatten, wurden jetzt auch Deutsch und Mathematik Hauptfächer, allerdings mit weniger Stunden als die Erstgenannten. 1816/17 wurde auf Betreiben des Tanzmeisters Roller gegen den Willen des übrigen Pförtner Lehrerkollegiums Turnen in Pforte eingeführt und zu hoher Blüte gebracht. Das 1816 vom Ministerium in Berlin der Schule geschenkte Schwingpferd kam aber wegen mangelndem Raum (und vielleicht auch, weil Rektor Ilgen kein »Pferdehalter« sein wollte) erst im Winter 1841 in Gebrauch. Doch bei allen Veränderungen, die vorgenommen wurden, beseitigte man nicht generell die alten Einrichtungen der Schule. Wertvolles blieb unangetastet, wie das Zusammenleben der Oberen mit den Unteren, die Schülerinspektoren, die als Teil des Selbsterziehungssystems der Schüler für Recht und Ordnung sorgten, das Tutorensystem, die Valediktionsarbeiten (die allerdings keine Pflicht mehr waren) und vor allem die Studientage, die den Schülern die wissenschaftliche Beschäftigung mit einem selbstgewählten Stoff ermöglichten. Gerade diese Art der Erneuerung der Schule, die mit tiefgreifenden Änderungen einerseits die Schule den Forderungen der modernen Zeit anpasste, andererseits aber bewährte Traditionen übernahm, sicherte Schulpforte auch im 19. Jahrhundert eine führende Stellung unter den Gymnasien Deutschlands.

# Der Kampf um die alte Landesschule

Nach dem Ersten Weltkrieg, der 213 ehemalige Pförtner das Leben kostete, kam die Inflation und damit eine Verringerung des Kapitalvermögens der Schule und ein Rückgang der Einkünfte. Die nun notwendigen Sparmaßnahmen führten gemeinsam mit Reformbestrebungen vonseiten des Erziehungsministeriums zu einer heftigen öffentlichen Auseinandersetzung um die Schule, an der sich Lehrer, Schüler, ehemalige Schüler, die Regierungsbehörden und die Parteien beteiligten. Fast alle althergebrachten Einrichtungen wurden in Frage gestellt. Ein neu eingesetzter Rektor sollte die Durchsetzung der Reformpläne erleichtern. Lehrer und ehemalige Schüler warnten vor einer Zerstörung der Eigenart Pfortes. Anlass zur Veränderung wurde schließlich die finanzielle Situation der Schule. Lehrer wurden gezielt versetzt, so dass bald sämtliche in Pforte länger tätig gewesenen Kollegen entfernt waren. Man stellte Erzieher ein, und eine zusätzliche Klasse (Quarta) wurde eingerichtet. Eine tiefe Verstimmung zwischen den an den Traditionen hängenden ehemaligen Schülern und den Reformbefürwortern im Ministerium und in der Schule selbst war die Folge. Die Gründung des Pförtnerbundes 1926 und die Herausgabe einer eige-

*Martinispiel der Pförtner Prima 1908: »Die Nibelungen« (auch die Frauenrollen wurden von den Schülern übernommen)*

# DIE LANDESSCHULE

*Studierstube der Schüler um 1910*

nen Zeitschrift der Ehemaligen seit 1924 als Möglichkeit zur Information und zur Artikulation stehen im Zusammenhang mit diesen Ereignissen. Die Situation entspannte sich 1928, als ein neuer Rektor eingesetzt wurde, der die Zustimmung der ehemaligen Schüler fand. Doch eine ruhige Weiterentwicklung scheiterte nun an den politischen Ereignissen in Deutschland.

## Die Nationalpolitische Erziehungsanstalt Schulpforte

Mit der Machtübernahme durch Hitler 1933 begannen Angriffe auf den damaligen Rektor, Walther Kranz, dem vorgeworfen wurde, jüdischer Abstammung zu sein. Obwohl das nicht zutraf, ließ sich der Rektor beurlauben, weil ihm eine fruchtbare Arbeit unter solchen Umständen unmöglich schien. Doch nicht allein das Schuloberhaupt war den neuen Machthabern nicht genehm. Die Schule an sich passte nicht in das nationalsozialistische Bildungssystem. Ihre Auflösung erfolgte 1935, als Gerüchte über sexuelle Verfehlungen in Pforte den geeigneten Anlass boten. Ein vorrangig politischen Zwecken dienender Strafprozess in dieser Sache gegen drei Lehrer endete mit einem Freispruch und zwei Verurteilungen. Am 4. Mai 1935 unterzeichnete der damalige Erziehungsminister Rust den Erlass, der die Landesschule in eine »Nationalpolitische Erziehungsanstalt« umwandelte. Interventionen ehemaliger Pförtner nützten nichts. Ein großer Teil der Schüler und fast alle Lehrer durften nach den Sommerferien nicht mehr in die Schule zurückkehren.

Von nun an gab es in Schulpforte statt der Alumnen »Jungmannen«, die in »Züge« eingeteilt waren und statt Lehrern »Erzieher« mit einem »Anstaltsleiter« an der Spitze. Die Ausbildung der Jungmannen war politisch ausgerichtet. Neben dem Unterricht, der auf dem Lehrplan für höhere Schulen basierte und nach wie vor die alten Sprachen beinhaltete, stand vor allem die Körperertüchtigung mit sportlichen Spezialausbildungen (z.B. Rudern, Reiten, Segelfliegen), Geländespielen und Land- und Industrieeinsätzen auf dem Programm. Der Ausbruch des Krieges und die Einberufung vieler Erzieher erschwerten den Lehrbetrieb. Geländesport und Kampfspiele als Formen einer vormilitärischen Ausbildung nahmen im Verlauf des Krieges zu. Am 12. April 1945 wurden die älteren Jahrgänge der Jungmannen, die man bereits zum Volkssturm eingezogen und vor den Toren der Schule in Stellung hatte gehen lassen, abgezogen und nach Hause geschickt. Die jüngeren Schüler hatten die Schule bereits vorher verlassen dürfen.

## Die Schule nach 1945

Nachdem Pforte seit Juli 1945 unter sowjetischen Besatzung stand, begannen die Bemühungen um die Wiedereröffnung der Landesschule und um die Erhaltung ihres Grundbesitzes. Die Eröffnung der Schule genehmigte der stellvertretende Kommandant von Naumburg, Major Schurow, am 16. September 1945. Nur wenige Schüler und Lehrer begannen am 10. Oktober 1945 mit dem Unterricht und kämpften dabei gegen Hunger und Kälte. Im Zuge der Bodenreform verlor die Stiftung Schulpforta durch Enteignung ihren Grundbesitz, die Schule war nunmehr anderen staatlichen Schulen gleichgestellt. Die Schulreform 1946 gestattete endlich auch Mädchen den Zutritt in die Schule, doch außer zwei Umsiedlerkindern gab es erst seit 1949 Schülerinnen in Schulpforte. Doch auch nach diesen tiefgreifenden Veränderungen entsprach die wiedererstehende Landesschule in ihrem alten Gepräge nicht der schulpolitischen Entwicklung in der neu gegründeten DDR. Austausch der Lehrer, Trennung von Staat und Kirche und die Eingliederung in den neuen Lehrplan für Oberschulen folgten. Die Aufnahmeprüfungen entfielen seit Anfang der Fünfzigerjahre. Die Ausbildung dauerte entsprechend den neuen Richtlinien nur noch vier Jahre, von Klasse 9 – 12. Aus der Landesschule wurde die »Erweiterte (Heim)Oberschule Pforte«.

## Die Erweiterte Oberschule Pforte

Die bis zum Anfang der Sechzigerjahre noch lebendigen Traditionen der alten Schule verblassten bis auf wenige im Laufe der Jahre. Die Schülerjahrgänge von 1962 – 66 erhielten erstmalig eine berufliche Grundausbildung in Landwirtschaft und Industrie, die es ihnen ermöglichte, in einer relativ kurzen Lehrzeit die Facharbeiterqualifikation zu erwerben. 1967 wurde der obligatorische Altsprachenunterricht abgeschafft. Latein konnte nur noch fakultativ erlernt werden. Mit der Wandlung der Schule gingen auch Veränderungen in der Wohn- und Lebensweise vor sich. Umbauten, Modernisierung der Fachkabinette und Erweiterungen der Internate auf Grund der wachsenden Schülerzahlen erfolgten. Erzieher übernahmen die Aufsicht in den Internaten. 1981 schlug die Schule mit der Einrichtung eines neusprachlichen Zweiges (Russisch, Englisch, Französisch) und 1982 eines Musikzweiges wieder einen eigenen Weg ein und knüpfte damit an die Tradition der Begabtenförderung an. Für die Spezialklassen wurden wieder Aufnahmeprüfungen eingeführt. Da sich diese Einrichtungen bewährten, wurden sie auch nach 1990 weitergeführt, wenn auch in leicht veränderter Form.

# Die Landesschule Pforta heute

Nach der Wende wurde 1990 aus der Erweiterten Oberschule Pforte wieder die Landesschule Pforta, nunmehr in der Trägerschaft des Landes Sachsen-Anhalt. Nur wenige Lehrer durften bleiben, die meisten wurden versetzt oder entlassen, neue Kollegen aus Ost- und Westdeutschland kamen hinzu. Die Schule ist heute ein zur allgemeinen Hochschulreife führendes Internatsgymnasium, das in drei Zweigen mit inhaltlichen Schwerpunkten eine zusätzliche Ausbildung in Musik, Sprachen (moderne Fremdsprachen und Altsprachen) und Naturwissenschaften bietet.

Nicht zuletzt der musikalischen Tradition verdankt die Schule ihr Aushängeschild: die Chöre der Landesschule Pforta. Sie verleihen mit ihren Auftritten nicht nur den schulischen Veranstaltungen einen würdigen Rahmen, sie geben auch außerhalb Konzerte, produzierten schon mehrere CDs und bringen von nationalen wie internationalen Wettbewerben Preise mit nach Hause. Auch der jahrhundertealte Brauch der Theateraufführungen (ursprünglich zur Fastnacht, später zu Martini) wird durch Schüler aller Klassenstufen mit Begeisterung weiterhin gepflegt.

Das Gymnasium beginnt mit Klasse 9, und die Schülerinnen und Schüler müssen vor dem Eintritt in die Schule eine zweigspezifische Aufnahmeprüfung bestehen. Die Kosten für Unterkunft und Verpflegung sind durch die Unterstützung des Landes so gering, dass nach wie vor die Leistung der Bewerber das entscheidende Auswahlkriterium ist. Für bedürftige Schüler werden außerdem Freistellen und Stipendien zur Verfügung gestellt. Die Schule steht für Jugendliche aus ganz Deutschland offen.

Rund 400 Schülerinnen und Schüler (davon 2/3 Mädchen) leben und lernen gegenwärtig in der Landesschule Pforta. Die Internatsbetreuung der Schüler erfolgt wieder ausschließlich durch Lehrerinnen und Lehrer, die entweder als Hauseltern oder diensthabende Lehrer im Internat leben oder Aufsicht führen.

# Die Historische Bibliothek und das Archiv der Landesschule Pforta

Die Bibliothek der Landesschule Pforta entstand 1570 als Büchersammlung einer humanistisch geprägten Schule. Die Buchbestände des ehemaligen Zisterzienserklosters Pforte sucht man hier leider (fast) vergebens. Dennoch bildet eine ehemalige Klosterbibliothek den Grundstock für die Büchersammlung der Schule. Denn 1573 erhielt sie die Buchbestände des ehemaligen Klosters Bosau (Posa) bei Zeitz als Geschenk. Dieser Bestand, der 34 mittelalterliche Handschriften, darunter u.a. eine mit Bildseiten geschmückte Augustinus-Handschrift

# DIE LANDESSCHULE

*Rankeninitiale aus der Handschrift »De civitate Dei« von Aurelius Augustinus, Bosau/Posa, zwischen 1168 und 1180*

»De civitate Dei«, und zahlreiche Inkunabeln umfasst, befindet sich auch heute noch in der Bibliothek der Landesschule Pforta. Anfangs ein verschlossener Schatz, der teilweise sogar an Ketten lag, wurde die Bibliothek seit Beginn des 17. Jahrhunderts den Schülern und Lehrern regelmäßig zugänglich gemacht. Der ihr vom Landesherrn zugesicherte jährliche Etat zusammen mit den Spenden der Schüler und zahlreichen Geschenken ermöglichte es, eine Sammlung anzulegen, die dem guten Ruf der Schule in bezug auf Qualität der Ausbildung nicht nachstand. Hier machte sich natürlich auch positiv bemerkbar, dass der Staat von Anfang an sehr interessiert daran war, möglichst nur hervorragende Gelehrte als Lehrer in den Landesschulen einzusetzen, denn ihr wissenschaftliches Niveau und Interesse spiegelt sich auch in den Beständen wieder. Vor allem im 19. Jahrhundert erreichten die Bestände eine Qualität, die weit über den Rahmen einer Gymnasialbibliothek hinausging. Die Bibliothek umfasst heute ca. 80 000 Exemplare, darunter kostbare Erstausgaben von Kopernikus, Galilei und Tycho de Brahe. Der Bestand wird allerdings seit ca. 50 Jahren nur noch durch Geschenke und Belegexemplare geringfügig vergrößert. Verbunden mit der Bibliothek ist das Archiv der Schule, in dem alle Schüler seit 1543 verzeichnet sind, die Valediktionsarbeiten seit 1602 aufbewahrt werden und die Schulgeschichte anhand zahlreicher Dokumente fast lückenlos nachweisbar ist.

# ZEITTAFEL

**1132** In Schmölln (Thüringen) wird durch Bischof Udo I. von Naumburg ein ehemaliges Benediktinerkloster mit Mönchen des Zisterzienserklosters Walkenried neu belegt.

**1137** Verlegung des Klosters an seinen heutigen Standort: Gründung der Zisterzienserabtei »St. Marien zur Pforte«. Aufstieg des Klosters zu großer Bedeutung für die wirtschaftliche Erschließung des südlichen und östlichen Gebietes des heutigen Mitteldeutschlands und für die Ostexpansion der deutschen Fürsten (Tochterklöster in Sachsen, Schlesien, Pommern und im Baltikum). Bis 1150 Errichtung der Klosterkirche als romanische Basilika.

**um 1220/30** Errichtung der spätromanischen Siechenkapelle (heute Abtskapelle genannt) am Gebäude des ehemaligen Infirmariums (Krankenhaus).

**1251–1320** Unter Einbeziehung romanischer Bauteile entsteht die heutige frühgotische Klosterkirche, eine Basilika mit einem dem Westchor des Naumburger Doms verwandten Polygonalchor mit burgundischen Einflüssen.

**1268** Errichtung der Totenleuchte auf dem Friedhof.

**1540** Im Zusammenhang mit der Reformation Aufhebung des Klosters durch Herzog Heinrich von Sachsen.

**1543** Gründung von drei hochschulvorbereitenden Landesschulen durch Herzog Moritz von Sachsen in Pforte, Meißen und (1550) Grimma. Als staatliche Bildungseinrichtungen leistungsorientiert, für begabte Knaben aller Schichten offen und schulgeldfrei. Übertragung des ehemaligen reichen Klosterbesitzes in Gestalt einer Stiftung als materielle Sicherung.

**1573–1575** Bau des »Fürstenhauses« unter Einbeziehung des romanischen Infirmariums.

**1815** Als Folge der Napoleonischen Kriege gelangt Pforte mit der Abtretung der westlichen Teile Sachsens an Preußen.

**1854–1860** Errichtung des Torhauses nach Plänen von Friedrich August Stüler.

**1880** Errichtung des Aula- und Schulgebäudes nach Plänen von C. Schäfer.

**1935** Umwandlung der Schule in eine Nationalpolitische Erziehungsanstalt.

**1945–1950** Bis 1950 Versuch der Anknüpfung des Pfortischen Schulsystems an die Bildungstradition zur Zeit der Weimarer Republik, dann Umwandlung in eine sozialistische Oberschule mit vierjähriger Ausbildung zur Hochschulreife; 1949 erstmals Aufnahme von Mädchen in die Internate. Im Zuge der Bodenreform Enteignung des großen Grundbesitzes der Stiftung Schulpforta; Aufhebung der Stiftung.

**1958–1990** Erweiterte (Heim-)Oberschule mit ca. 360 Internatsplätzen.

**1981/82** Einrichtung von Spezialklassen für Musik und moderne Fremdsprachen.

**seit 1990** Internatsgymnasium in der Trägerschaft des Landes Sachsen-Anhalt mit zurzeit ca. 400 Plätzen für Mädchen und Jungen und mit drei Schwerpunkten: Sprachen, Musik, Naturwissenschaften

**1992** Wiedererrichtung der Stiftung Schulpforta als gemeinnützige Stiftung des öffentlichen Rechts.

# BERÜHMTE SCHÜLER DER LANDESSCHULE

Erhard Bodenschatz (1578–1636), Kantor
Johann Hermann Schein (1586–1630), Thomaskantor
Johann Georg Greffe (Graevius) (1632–1703), Historiograph des Königs Wilhelm III. von England
Johann August Ernesti (1707–1781) Rektor der Thomasschule zu Leipzig, Professor der Beredsamkeit und Theologie
Johann Elias Schlegel (1719–1749), Dichter, Mitbegründer des Dänischen Theaters
Johann Adolph Schlegel (1721–1741), Dichter
Friedrich Gottlieb Klopstock (1724–1803), Dichter
Friedrich Anton von Heynitz (1725–1802), Begründer der Bergakademie in Freiberg, Preußischer Staatsminister
Erasmus von Hardenberg (1738–1814) Bergrat, Salinendirektor
Karl August Boettiger (1760–1835), Pädagoge, Archäologe
Johann Gottlieb Fichte (1762–1814), Philosoph
Adolph Müllner (1774–1829), Dichter
Johann Friedrich Röhr (1777–1848), Generalsuperintendent in Weimar
Christian Gottlob Leberecht Grossmann (1783–1857), Theologe, Gründer des Gustav-Adolf-Vereins
Friedrich von Thiersch (1784–1860), Altphilologe, Pädagoge, Reformer
Hans von Charpentier (1787–1855), Geologe
August Ferdinand Moebius (1790–1868), Mathematiker
Ernst Meyer (1791–1858), Botaniker
Bernhard Thiersch (1794–1855), Dichter des Preußenliedes
Leopold von Ranke (1795–1886), Historiker
Christian Gottfried Ehrenberg (1795–1876), Biologe
Ernst Ortlepp (1800–1864), Dichter
Friedrich August von Ammon (1799–1861), Mediziner
Franz von Gaudy (1800–1846), Dichter
Theodor Echtermeyer (1805–1844), Herausgeber der »Hallischen Jahrbücher«
Otto Freiherr von Manteuffel (1805–1882), Preußischer Innenminister
Richard Lepsius (1810–1884), Ägyptologe
Otto Krug von Nidda (1810–1885), Geologe
Bruno Hildebrand (1812–1878), Nationalökonom
Hermann Bonitz (1814–1888), Schulreformer in Österreich
Friedrich Nietzsche (1844–1900), Philosoph
Paul Deussen (1845–1919), Indologe
Ulrich von Wilamowitz-Möllendorf (1848–1931), Altphilologe
Erich Schmidt (1853–1913), Literaturhistoriker, Germanist
Karl Lamprecht (1856–1915), Historiker
Theobald von Bethmann-Hollweg (1856–1921), Reichskanzler
Hans Meyer (1858–1929), Afrikaforscher, Erstbesteiger des Kilimandscharo
Hans Am Ende (1864–1918), Maler (Worpswede)
Fritz Hofmann (1866–1956), Chemiker
Georg Groddek (1866–1934), Arzt, Pionier der psychosomatischen Medizin
Ernst Wilhelm Nay (1902–1968), Maler und Grafiker
Wolf von Niebelschütz (1913–1960), Kunsthistoriker und Dichter
Achim Freyer (*1934), Regisseur, Bühnenbildner und Maler
Christoph Demke (*1935), Landesbischof in Sachsen

# LITERATUR

### Die Zisterzienser – Geist, Geschichte, Kunst

Die Regel des heiligen Benedikt. Herausgegeben im Auftrag der Salzburger Äbtekonferenz, Beuron 1990

Hildegard Brem/Alberich Martin Altermatt (Hg.), Einmütig in der Liebe. Die frühesten Quellentexte von Citeaux, Langwaden 1998

Ecclesiastica Officia. Gebräuchebuch der Zisterzienser aus dem 12. Jahrhundert. Nach der lateinisch-französischen Ausgabe von Danièle Choisselet und Placide Vernet übersetzt, bearbeitet und herausgeben von Hermann M. Herzog und Johannes Müller, Langwaden 2003

Ambrosius Schneider/Adam Wienand/Wolfgang Bickel/Ernst Coester (Hg.), Die Cisterzienser. Geschichte, Geist, Kunst, 3. Aufl., Köln 1986

Die Zisterzienser, Ordensleben zwischen Ideal und Wirklichkeit, Katalog zur Ausstellung des Landschaftsverbandes Rheinland, Rheinisches Museumsamt, Brauweiler, Köln 1981 (Schriften des Rheinischen Museumsamtes Nr. 10)

Peter Dinzelbacher/James Lester Hogg (Hg.), Kulturgeschichte der christlichen Orden in Einzeldarstellungen, Stuttgart 1997

Immo Eberl, Die Zisterzienser. Geschichte eines europäischen Ordens, Stuttgart 2002

Ernst Badstübner, Kirchen der Mönche. Die Baukunst der Reformorden im Mittelalter, Berlin 1980

Terryl N. Kinder, Die Welt der Zisterzienser, Würzburg 1997

Jean-Francois Leroux-Dhuys, Die Zisterzienser. Geschichte und Architektur, Paris 1998, deutsch Köln 1998

### Zur Bau- und Kunstgeschichte des Zisterzienserklosters Pforte

W. Corssen, Alterthümer und Kunstdenkmale des Cisterzienserklosters St. Marien und der Landesschule zur Pforte, Halle 1868

A. Holtmeyer, Cisterzienserkirchen Thüringens. Ein Beitrag zur Kenntnis der Ordensbauweise, Jena 1906 (Beiträge zur Kunstgeschichte Thüringens, Bd. 1)

Georg Dehio, Handbuch der deutschen Kunstdenkmäler, Bd. I: Mitteldeutschland, 3. Aufl. Berlin 1927

Georg Dehio, Handbuch der deutschen Kunstdenkmäler, Sachsen-Anhalt II: Regierungsbezirke Dessau und Halle, München/Berlin 1999, S. 767 ff.

Werner Hirschfeld, Zisterzienserkloster Pforte. Geschichte seiner romanischen Bauten und ein älteres Westwerk, Burg bei Magdeburg 1933

Gerhard Leopold/Ernst Schubert, Zur Baugeschichte der ehemaligen Zisterzienser-Klosterkirche in Schulpforta, in: Sachsen und Anhalt – Jahrbuch der Historischen Kommission für Sachsen-Anhalt, Bd. 18/1994, Weimar 1994, S. 339 ff.

Mathias Köhler/Reinhard Schmitt, Das Zisterzienserkloster Pforta, 4., überarb. Aufl., München o. J. (2003) (DKV-Kunstführer Nr. 477/9)

## LITERATUR

Forschungen zum Kloster Schulpforta. Ergebnisse eines Arbeitsprojekts im Rahmen des Graduiertenkollegs »Kunstwissenschaft – Bauforschung – Denkmalpflege« der Otto-Friedrich-Universität Bamberg und der Technischen Universität Berlin, hg. von Achim Hubel und Johannes Cramer, Halle 2003

Edith Neubauer, Die romanischen skulptierten Bogenfelder in Sachsen und Thüringen, Berlin 1972 (Corpus der romanischen Kunst im sächsisch-thüringischen Gebiet, Reihe B: Plastik, Bd. I), S. 221 ff. mit Abb.

Ernst Ullmann, Bemerkungen zu den romanischen Zisterzienserkirchen in Walkenried, Volkenroda und Pforta, in: Wissenschaftliche Zeitschrift der Martin-Luther-Universität Halle-Wittenberg, Gesellschaftswissenschaftl. und Sprachwissenschaftl. Reihe XII/9/10/1963, S. 725 ff.

Ernst Schubert, Der Westchor des Naumburger Doms, der Chor der Klosterkirche in Schulpforte und der Meißner Domchor, in: Architektur des Mittelalters. Funktion und Gestalt, hg. von Friedrich Möbius und Ernst Schubert, Weimar 1984

Reinhard Schmitt, Neue baugeschichtliche Forschungen in der romanischen Klausur des Zisterzienserklosters Schulpforte, in: Koldewey-Gesellschaft, Bericht über die 37. Tagung für Ausgrabungswissenschaft und Bauforschung vom 27.5.–30.5.1992 in Duderstadt, Bonn 1994, S. 75 ff.

Edgar Lehmann, Die Grisaille-Glasmalereien aus Schulpforte, in: Österreichische Zeitschrift für Kunst- und Denkmalpflege, 40/1986, S. 135 ff.

Himmelslicht. Europäische Glasmalerei im Jahrhundert des Kölner Dombaus (1248–1349), Katalog der Ausstellung Köln 1998/1999, Köln 1998, S. 158 ff.

Tino Kempf/Bernd Korten/Gregor Schier/Heike Schulz, Das ehemalige Brennereigebäude im Ökonomiehof des Klosters Pforta, in: Denkmalpflege in Sachsen-Anhalt/Landesamt für Denkmalpflege, 1998/Heft 2, S. 135 ff.

Denkmale in Sachsen-Anhalt. Ihre Erhaltung und Pflege in den Bezirken Halle und Magdeburg. Erarbeitet im Institut für Denkmalpflege, Arbeitsstelle Halle, Weimar 1986, S. 184 ff.

Wieland Führ (Hg.), Vivat Porta – Bilder von Schulpforte aus dem 18. und 19. Jahrhundert, Nürnberg 1993

Pforta. Das Zisterzienserkloster – Die Landesschule. Vierundfünfzig Fotografien von Sigrid Schütze-Rodemann und Gert Schütze. Mit einer Einleitung von Karl Büchsenschütz und Eckart Kissling, Regensburg 2000

### Zur Architektur des 19. Jahrhunderts in Schulpforte

Eva Börsch-Supan/Dietrich Müller-Stüler, Friedrich August Stüler 1800–1865, Hg. vom Landesdenkmalamt, München/Berlin 1997, S. 741 f.

Peter Findeisen, Geschichte der Denkmalpflege – Sachsen-Anhalt, Berlin 1990, S. 76 ff.

Jutta Schuchard, Carl Schäfer 1844–1908. Leben und Werk des Architekten der Neugotik, München 1979 (Materialien zur Kunst des 19. Jahrhunderts, Bd. 21), S. 123, 243 ff.

# LITERATUR

## Zur Geschichte des Zisterzienserklosters Pforte und der Landesschule Pforta

Robert Pahncke, Schulpforte. Geschichte des Zisterzienserklosters Schulpforte, Leipzig 1956

Holger Kunde, Das Zisterzienserkloster Pforte. Die Urkundenfälschungen und die frühe Geschichte bis 1236, Köln/Weimar/Wien 2003 (Quellen und Forschungen zur Geschichte Sachsen-Anhalts, Bd. 4).

Max Hoffmann (Hg.), Pförtner Stammbuch 1543–1893, Berlin 1893

Fritz Heyer, Aus der Geschichte der Landesschule zur Pforte, Darmstadt/Leipzig o. J. (1943) (Nachdruck Göttingen 1993)

Hans Gehrig, Schulpforte und das deutsche Geistesleben, Darmstadt 1943 (Nachdruck Göttingen 1993)

Petra Dorfmüller/Rudolf Konetzny (Hg.), Schulpforta – 450 Jahre Schulgeschichte. Ein Lesebuch, 3. Aufl. Leipzig o. J. (2003)

Hans Heumann, unter Mitarbeit von Klaus Bohner, Christoph Ilgen, Peter Maser und Justus Weihe, Schulpforta. Tradition und Wandel einer Eliteschule, Erfurt 1994 (mit umfangreichen Literaturnachweisen)

Klaus Schmitz, Militärische Jugenderziehung – Preußische Kadettenhäuser und Nationalpolitische Erziehungsanstalten zwischen 1807 und 1936, Köln u. a. 1997 (Studien und Dokumentationen zur deutschen Bildungsgeschichte, Deutsches Institut für Internationale Pädagogische Forschungen, 67)

Erziehung zur Elite. Die Fürsten- und Landesschulen zu Grimma, Meißen und Schulpforte um 1900, Leipzig 2003

Jonas Flöter und Günther Wartenberg (Hg.), Die sächsischen Fürsten- und Landesschulen. Interaktion von lutherisch-humanistischem Erziehungsideal und Elitenbildung. Schriften zur sächsischen Geschichte und Volkskunde, Bd. 9, Leipzig 2004

## Bibliothek und Archiv der Landesschule Pforta

Rudolf Konetzny, Archiv und Bibliothek der Landesschule Pforta, in: Handbuch der historischen Buchbestände in Deutschland, Bd. 22: Sachsen-Anhalt, Hildesheim/Zürich/New York 2000, S. 1ff.

Petra Dorfmüller, Zur Geschichte der Bibliothek Schulpforte (Typoskript; in der Bibliothek der Landesschule), 2001

Renate Schipke, Scriptorium und Bibliothek des Benediktinerklosters Bosau bei Zeitz. Die Bosauer Handschriften in Schulpforte, Wiesbaden 2000

# IMPRESSUM

## Angaben zur Landesschule und zur Stiftung

Die Anlage der Landesschule und des Wirtschaftshofs ist für Besucher jederzeit frei zugänglich. Die Klosterkirche ist täglich von 10 Uhr bis (je nach Jahreszeit) 16/18 Uhr geöffnet. Führungen finden von Anfang April bis Mitte Oktober am Samstag 10.30 und 14 Uhr oder für Gruppen nach Anmeldung statt.

Landesschule Pforta
Schulstraße 12
OT Schulpforte
06628 Bad Kösen
Tel. 034463/350
Fax 034463/26839
E-Mail pforta@t-online.de
www.Landesschule-Pforta.de

Stiftung Schulpforta
Schulstraße 22
OT Schulpforte
06628 Bad Kösen
Tel. 034463/61761
Fax 034463/28116
E-Mail StiftungSchulpforta@t-online.de

---

Abbildung vordere Umschlagseite außen:
Ansicht der Klosterkirche von Südwesten

Abbildung vordere Umschlagseite innen:
Klosterkirche, Speiche aus der Grisailleverglasung des nördlichen Rosenfensters im Chor (zurzeit noch im Depot)

Frontispiz:
Historisches Schulsiegel, in Anlehnung an Vorbilder aus der Klosterzeit

Abbildungsnachweis:
Sämtliche Aufnahmen Sigrid Schütze-Rodemann und Gert Schütze, Halle/Saale, mit Ausnahme von
S. 39: Eckart Kissling – S. 49, 68, 69, 74: Archiv Landesschule Pforta – S. 62: Petra Dorfmüller – Vordere Umschlagseite innen: Corpus Vitrearum Deutschland, Freiburg i. Br. (A. Gössel), Akademie der Wissenschaften und der Literatur Mainz

Reihengestaltung: Margret Russer, München

Herstellung, Satz, Layout: Edgar Endl

Lithos: Lanarepro, Lana (Südtirol)

Druck und Bindung: F&W Mediencenter, Kienberg

**Bibliografische Information der Deutschen Bibliothek**
Die Deutsche Bibliothek verzeichnet diese Publikation in der Deutschen Nationalbibliografie; detaillierte bibliografische Daten sind im Internet über http://dnb.ddb.de abrufbar

ISBN 3-422-06499-0
© 2004 Deutscher Kunstverlag GmbH München Berlin